Henriette Wich
Pferdegeschichten von Lotte und Avanti

Henriette Wich, geboren 1970 in Landshut, wuchs mit sechs Geschwistern und drei Katzen auf und fing früh an zu erzählen. Nach dem Studium der Germanistik und der Philosophie in Regensburg arbeitete sie als Lektorin in verschiedenen Kinderbuchverlagen. Heute lebt sie als freie Autorin in München.

Anne Ebert wurde 1963 in Moers geboren und zeigte schon im Kindergarten erstes Interesse am Malen und Zeichnen. Nach dem Abitur 1982 studierte sie an der FH Münster Grafikdesign mit Schwerpunkt Illustration und machte 1989 ihr Examen. Seitdem ist sie für verschiedene Verlage als Illustratorin tätig und lebt seit April 2002 im Münsterland.

Henriette Wich

Pferdegeschichten
von Lotte und Avanti

Klopp · Hamburg

Mix
Produktgruppe aus vorbildlich bewirtschafteten
Wäldern und anderen kontrollierten Herkünften
www.fsc.org Zert.-Nr. GFA-COC-1262
© 1996 Forest Stewardship Council
FSC

Einband und Innenillustrationen von Anne Ebert
Reproduktion: Die Litho, Hamburg
Satz: UMP GmbH, Hamburg
Druck und Bindung: Friedrich Pustet, Regensburg
Printed in Germany 2008
ISBN 978-3-7817-2352-8

www.erika-klopp.de

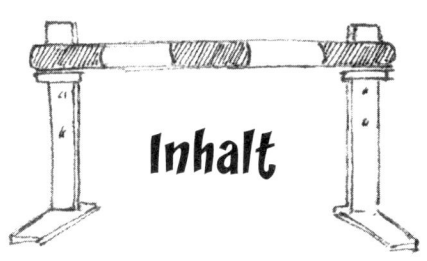

Inhalt

3. Hinein ins Abenteuer

1. Lottes Traum

Die beste Reiterin

»Schneller!«, rief Lotte und schnalzte mit der Zunge.

Ihr Pony reagierte sofort. Der Rappe fiel vom Trab in einen weichen, gleichmäßigen Galopp. Lotte passte sich mühelos seinen Bewegungen an. Ihr brauner Pferdeschwanz wippte hin und her, während sie die Zügel locker in den Händen hielt. Rechts und links flogen die Felder und Wiesen an ihr vorbei, und ein frischer Wind wehte ihr um die Nase.

Dann kam sie an einem Ponyhof vorbei. Die Kinder standen gerade an der Putzstange und striegelten ihre Ponys. Lotte ließ den Rappen wieder traben und winkte den Kindern zu. Die starrten sie mit offenen Mündern an.

»Das ist Lotte«, raunte ein Mädchen.

»Sie ist die beste Reiterin weit und breit«, sagte ihre Freundin.

Und ein Junge pfiff durch die Zähne. »Dabei ist sie erst acht. Wenn ich doch auch so toll reiten könnte wie sie!«

Lotte lachte. »Das lernst du schon noch, ganz bestimmt!« Dann winkte sie den Kindern noch einmal zu und ritt weiter. Dieser wunderbare Ausritt würde nie zu Ende gehen …

»Lotte!«, rief plötzlich jemand und riss sie aus ihrem schönen Tagtraum.

Ärgerlich öffnete Lotte die Augen und richtete sich im Bett auf. »Was ist denn jetzt schon wieder, Philipp?«

Ihr kleiner Bruder trommelte gegen die Zimmertür. »Ich will rein!«

Lotte stöhnte. Manchmal konnte Philipp echt nervig sein. Sie wusste genau, dass er keine Ruhe geben würde. Also stand sie auf und öffnete die Tür.

Philipp strahlte sie mit großen Augen an. Seine blonden Haare waren zerzaust, und zwei widerspenstige Locken kringelten sich auf seiner Stirn. »Spielst du mit mir Ritter?«, fragte er.

Zurzeit war er ganz verrückt nach Rittern. Davor hatte er sich ständig als Vampir verkleidet. Und wieder davor hatte er seine Indianerphase gehabt. Lotte hatte nichts dagegen, dass er in fremde Welten eintauchte. Sie verstand nur nicht, warum er dazu immer sie als Mitspielerin brauchte.

»Jetzt nicht«, sagte sie.

Philipp klimperte mit seinen langen Wimpern. »Bitte, nur ganz kurz!«

Lotte wollte hart bleiben. Aber je länger sie ihren vierjährigen Bruder ansah, umso schwerer fiel es ihr. Gleich würde sie dahinschmelzen wie Erdbeereis in der Sonne.

In dem Moment klopfte es, und Mama kam herein. »Lotte, Philipp, in zehn Minuten gibt es Mittagessen!«

Mama war die Rettung. Zwei Sekunden später wäre Lotte garantiert doch noch schwach geworden.

»Und wasch dir die Hände, kleiner Ritter!«, sagte Mama.

»Hmm …«, murmelte Philipp und verschwand im Flur.

Seufzend wischte sich Mama die Hände an der Kochschürze ab, die sie achtlos über ihren Gartenkittel geworfen hatte. »Lotte, holst du bitte Papa ab? Sein Workshop ist bestimmt schon zu Ende.«

»Klar«, sagte Lotte und schlüpfte in ihre Turnschuhe.

Mama sah auf ihre Armbanduhr. »Tante Katja müsste auch gleich hier sein. Ich hab sie zum Mittagessen eingeladen.«

»Tante Katja?«, rief Lotte. »Echt, Tante Katja kommt?«

Mama lächelte. »Ja, sie ist aus Australien zurück.«

»Juchuu!«, jubelte Lotte und stürmte los.

Tante Katja war die tollste Tante überhaupt. Während Mama als Grundschullehrerin jeden Tag in dieselbe Schule ging, flog Tante Katja um die Welt und machte eine Abenteuerreise nach der anderen. Das Geld dazu verdiente sie sich mit ihrem Job als Computerspezialistin. Aber das Beste war, dass sie reiten konnte, während Lotte bis jetzt immer nur davon geträumt hatte.

Schnell rannte Lotte die alte Holztreppe hinunter, schlitterte über die Steinfliesen im unteren Flur, und schon war sie draußen auf dem Hof. Hahn Xaver und seine Hühner, die nicht mit ihr gerechnet hatten, stoben laut gackernd auseinander.

»Aus dem Weg!«, rief Lotte.

Sie nahm die Abkürzung durch den Gemüsegarten. Der sah Mitte April noch ziemlich leer aus, obwohl Mama letzten Herbst schon jede Menge Obst- und Gemüsearten ausgesät hatte, als sie in das alte Bauernhaus eingezogen waren.

Lotte ließ die Kaninchenställe links liegen und lief weiter

zum ehemaligen Kuhstall, den Papa zu einem Seminarraum umgebaut hatte. Papa war Schauspiellehrer. Oft kamen Leute zu ihm, um bei ihm Schauspielunterricht zu nehmen. Vor dem Kuhstall rekelten sich Moritz und Paul, die beiden Kater, und genossen ihr Mittagsschläfchen.

Neugierig drückte Lotte ihre Nase ans Fenster. Papa und die Kursteilnehmer lagen mit den Köpfen zueinander auf dem Boden. Sie hatten die Augen geschlossen, und ihre Bäuche hoben und senkten sich, während sie tief ein- und ausatmeten.

Lotte kicherte. Plötzlich sah sie statt Menschen lauter Kühe vor sich, die gerade ihr Gras wiederkäuten. Beinahe hätte sie laut losgelacht, aber dann riss sie sich zusammen und versuchte, an etwas anderes zu denken. Papa mochte es nämlich gar nicht, wenn sie die Kursteilnehmer während einer Übung störte.

Ungeduldig trat Lotte von einem Fuß auf den anderen. Jetzt hatten die Leute doch wirklich lange genug gemeinsam geatmet! Endlich standen sie auf und strömten zum Ausgang.

Lotte ging rein zu Papa. »Ich soll dich zum Mittagessen abholen. Mama wartet schon und Tante Katja auch.«

»Ich komme«, sagte Papa, während er seine CDs wegpackte. Dann streckte er Lotte die Hand hin.

Zusammen gingen sie zum Haus zurück. Auf den letzten Metern riss sich Lotte von Papa los, stürmte in den Flur und machte die Tür zur Wohnküche auf.

Eine tolle Neuigkeit

Auf der Eckbank saß Tante Katja, braun gebrannt, mit bunten Perlenohrringen und einem lilafarbenen Tuch um die dunkelblonden Haare. Sie streckte die Arme aus, und Lotte ließ sich hineinfallen. »Endlich bist du wieder da!«

»Schön, dich zu sehen, Süße!«, sagte Tante Katja. »Komm, setz dich zu mir.«

Lotte rutschte zu ihr auf die Eckbank. Endlich konnte sie all die Fragen loswerden, die sie ihr schon die ganze Zeit stellen wollte. »Wie war's in Australien? Hast du viele Kängurus gesehen? Und Koalas? Gibt's da auch Pferde?«

»Was is mit Rittern und Burgen?«, mischte sich Philipp ein, der inzwischen auf seinen Kinderstuhl geklettert war.

Tante Katja lachte. »Nein, Ritter gibt es dort keine. Aber Kängurus hab ich natürlich gesehen und Koalas auch. Wobei die Koalas die ganze Zeit gepennt haben.«

Mama setzte vorsichtig die heiße Auflaufform auf dem Tisch ab. »Lasst Tante Katja doch erst mal ankommen.«

Papa verteilte den Nudelauflauf. Nudelauflauf war Lottes Lieblingsessen. Hungrig stürzte sie sich darauf. Dazwischen musste sie die ganze Zeit Tante Katja ansehen. Sie konnte es immer noch nicht richtig glauben, dass sie wirklich wieder da war.

Während die anderen noch bei ihrer ersten Portion Auflauf

waren, gönnte Lotte sich bereits einen Nachschlag. »Und?«, fragte sie. »Hast du auch Pferde gesehen?«

»Nicht nur gesehen«, sagte Tante Katja. »Ich bin auch viel geritten. In Australien ist Reiten sehr beliebt.«

Lotte sah ihre Tante bewundernd an. Katja war auf einem Sportinternat mit ganz vielen Pferden gewesen und hatte schon sehr früh reiten gelernt. Lottes Eltern dagegen fanden, dass man auch ganz gut ohne Pferde auskommen konnte. Von wegen! Früher oder später würden sie es schon noch merken, dass sie damit völlig falsch lagen.

Plötzlich ließ Tante Katja ihre Gabel auf den Teller fallen. »Ach, ich hab euch ja was mitgebracht, das hätte ich fast vergessen.« Sie griff nach ihrer Tasche und holte drei Päckchen heraus.

Gespannt wickelte Lotte ihr Päckchen aus. Zum Vorschein kam eine Henkeltasse mit einem wunderschönen galoppierenden Schecken darauf.

»Danke, Tante Katja!«, rief Lotte.

»Freut mich, dass sie dir gefällt«, sagte Tante Katja. »Das ist übrigens ein Brumby, ein australisches Wildpferd. Davon gibt es ziemlich viele in Australien.«

Lotte stellte die Tasse gleich neben ihren Teller. Dann sah sie sich um, was die anderen für Geschenke bekommen hatten: Philipp presste einen kleinen Plüschkoala an seine Brust, und Lottes Eltern freuten sich über eine Obstschale aus Holz mit Kängurumotiven.

»Das wär doch wirklich nicht nötig gewesen«, sagte Papa.

Tante Katja winkte ab und sagte: »Ach, schmeckt das herrlich! Ich bin so froh, wieder hier zu sein.«

Mama lächelte. »Ich könnte wetten, dass du schon deine nächste Reise planst.«

Tante Katja schüttelte den Kopf und lehnte sich zurück. »Nein, jetzt bleibe ich hier. Für immer.«

»Was?«, riefen Mama und Papa gleichzeitig.

Und Lotte fragte: »Echt? Warum?« Seit sie denken konnte, war Tante Katja ständig unterwegs. Und sie hatte immer gesagt, dass sie sich nichts Schöneres vorstellen könnte als zu reisen.

»Ich hab erst mal genug gesehen von der Welt«, sagte Tante Katja. »Und von meinem stressigen Job brauche ich auch eine Auszeit. Jetzt möchte ich mal was ganz anderes machen.«

»Du kannst jeden Tag mit mir spielen!«, sagte Philipp, der sein Gesicht komplett mit Tomatensoße beschmiert hatte.

Tante Katja strich ihm trotzdem über die Wange. »Danke für das Angebot! Das werde ich bestimmt ab und zu tun. Und den Rest der Zeit mache ich was anderes.«

Auf einmal blitzten Mamas Augen auf. »Jetzt weiß ich, was los ist. Du hast jemanden kennengelernt, stimmt's?«

»Stimmt«, sagte Tante Katja.

Triumphierend sah Mama in die Runde. »Hab ich's mir doch gedacht! Und, ist er nett?«

»Ja, sehr nett«, sagte Tante Katja.

Mama wurde ungeduldig. »Lass dir doch nicht alles aus der Nase ziehen. Erzähl schon! Wer ist es?«

»Ein Makler«, antwortete Tanta Katja.

»Willst du ihn heiraten?«, fragte Lotte und rückte näher an ihre Tante heran.

Sofort sah sie alles vor sich: die geschmückte Kirche voller Blumen, Tante Katja in einem schneeweißen Brautkleid mit Schleppe, am Arm von einem supernetten Mann. Und wenn das Paar nach der Trauung aus der Kirche kam, würde Lotte schon in Reithosen bei der Ponykutsche auf sie warten ...

Tante Katja lachte. »Nein!«

Lotte seufzte. Es wäre ja auch zu schön gewesen!

»Heiraten, heiraten!«, rief Philipp. »Verliebt, verlobt, verheiratet!«

»Aber ihr wollt zusammen in eine Wohnung ziehen«, sagte Papa.

Tante Katja schüttelte wieder den Kopf. »Nein. Es ist nicht, wie ihr denkt. Aber umziehen werde ich tatsächlich. Der Makler hat mir nämlich ein tolles Angebot gemacht. Ich kann den Ponyhof übernehmen, gleich bei euch um die Ecke.«

»Den Ponyhof? Du machst einen *Ponyhof* auf?«, rief Lotte.

»Ja«, sagte Tante Katja. »Die vorigen Besitzer haben ihn über den Makler an mich verkauft, weil sie auf einen größeren Hof umziehen wollen.«

»Du machst einen Ponyhof auf?« Lotte konnte es immer noch nicht glauben.

Tante Katja strahlte. »Ja! Davon hab ich schon immer geträumt: eigene Pferde und Ponys zu haben, Reitstunden zu geben ...«

»Das ist ja eine Neuigkeit!«, sagte Mama.

Philipp machte einen Schmollmund. Er fand Reiten doof.

Papa fuhr sich durch die Haare. »Also, damit hatte ich jetzt wirklich nicht gerechnet!«

»Es ist alles da«, sagte Tante Katja. »Ein großer Stall, Heuboden, Reithalle und Außenplatz, Springplatz, eine große Weide und ein kleines Wohnhaus. Nur die Ponys und ein Dressurpferd ganz für mich alleine fehlen noch, die muss ich bei einem Züchter kaufen. Aber ich habe zum Glück schon einen sehr guten an der Hand.«

Langsam begriff Lotte, was die Neuigkeit bedeutete, und drehte sich zu ihren Eltern um. »Jetzt darf ich aber endlich reiten lernen!«

Mama und Papa tauschten einen kurzen Blick. Dann nickte Mama und lächelte. »Natürlich. Eine bessere Lehrerin als Katja gibt es nirgendwo, nicht mal in Australien.«

»Jaaa!«, jubelte Lotte und fasste ihre Tante am Arm. »Kann ich die Ponys mit aussuchen? Und als Pferdepflegerin bei dir arbeiten?«

Tante Katja lachte. »Langsam, langsam! Ich muss noch zwei-, dreimal alleine zum Züchter rausfahren, dann sehen wir weiter. Und als Pferdepflegerin bist du mit deinen acht Jahren eindeutig zu jung. Du gehst ja noch zur Schule.«

»Zu jung!«, rief Philipp und streckte seiner großen Schwester die Zunge raus.

Lotte hörte gar nicht hin. »Aber wenn du die Ponys kaufst, will ich unbedingt mit«, sagte sie. »Darf ich? Bitte!«

»Also gut, abgemacht«, sagte Tante Katja. »Sobald ich so weit bin, rufe ich euch an.«

»Hurra, hurra!«, jubelte Lotte.

Plötzlich fing Philipp an zu wiehern. Dann sprang er auf und galoppierte durch die Küche. Normalerweise wäre Lotte jetzt richtig sauer auf ihn gewesen, aber heute lachte sie nur.

Auf zum Tannhof!

In den nächsten zwei Wochen rannte Lotte jedes Mal zum Telefon, wenn es läutete. Leider waren es immer nur langweilige Anrufer: Philipps Erzieherin, Leute, die sich zu einem von Papas Workshops anmelden wollten, oder Freundinnen von Mama.

Doch dann, am Ende der zweiten Woche, als Lotte gerade dabei war, neue Pferdefotos aus Zeitschriften auszuschneiden und in ihr Pferdealbum zu kleben, war endlich Tante Katja am Telefon.

»Hallo, Lotte! Es ist so weit. Willst du mitkommen zum Züchter? Ich fahre aber gleich los.«

Was für eine Frage!, dachte Lotte. »Klar komm ich mit.«

»Gut«, sagte Tanta Katja. »Ich hol dich mit dem Auto ab. In zehn Minuten bin ich da.«

Lotte legte auf und überlegte, ob sie sich umziehen musste. Die Jeans trug sie schon seit drei Tagen, die hatte bereits einen Fleck und konnte ruhig noch schmutziger werden. Nur das weiße T-Shirt war nicht so geeignet für den Stall. Sie lief in ihr Zimmer und zog sich ein altes Sweatshirt an. Dann band sie sich den Pferdeschwanz neu – mit ihrem Lieblingsgummi, an dem ein glitzerndes Hufeisen baumelte. Fertig!

»Ich will auch mit zu Tante Katja«, sagte Philipp, der plötzlich im Zimmer stand.

»Heute nicht«, sagte Lotte und gab ihm einen Kuss auf die Stirn. »Wir fahren nämlich nur zu den doofen Pferden.«

Philipp zog die Nase hoch. »Ich will aber trotzdem mit!«

Lotte reagierte nicht darauf und schlängelte sich an ihm vorbei. Auf der Treppe stieß sie mit Mama zusammen, die gerade einen Karton mit Stoffen nach oben trug. Wenn sie nicht gerade im Garten werkelte, setzte sie sich meistens an die Nähmaschine und schneiderte am laufenden Meter Röcke, für sich selber und leider auch für Lotte. Dabei hatte sie ihrer Mutter schon hundertmal gesagt, dass sie nur Hosen trug und Röcke nicht leiden konnte.

»Wo willst du denn hin?«, wollte Mama wissen. »Hast du deine Hausaufgaben schon gemacht?«

»Jaaha!«, sagte Lotte. »Ich geh mit Tante Katja Ponys kaufen.«

Mama lächelte. »Na, dann: Viel Spaß!«

Den würde Lotte garantiert haben. Als sie aus dem Haus trat, fuhr Tanta Katja gerade mit ihrem knallroten, ziemlich zerschrammten Kleinwagen in den Hof.

Lotte setzte sich auf den Rücksitz und schnallte sich an, dann schlang sie von hinten die Arme um ihre Tante. »Ich freu mich so, ich freu mich so!«

»Und ich mich erst«, sagte Tante Katja. »Na, dann wollen wir mal!«

Sie wendete schwungvoll den Wagen, fuhr hinunter vom Hof und bog in die Landstraße ein, die in die Stadt führte.

»Wo wohnt denn der Züchter?«, fragte Lotte.

»Auf einem Gestüt ungefähr dreißig Kilometer von hier«, sagte Tante Katja. »Das Gestüt heißt *Tannhof* und ist ziemlich groß. Die haben mindestens hundert Ponys und Pferde dort und eine eigene Reitschule.«

»Toll!«, sagte Lotte.

Dann schaute sie aus dem Fenster. Die Sonne schien von einem strahlend blauen Himmel und lockte die Knospen und die ersten grünen Blätter an den Bäumen und Sträuchern hervor. Auf der Landstraße war sie schon oft mit Mama und Papa gefahren, aber heute kam ihr alles viel, viel schöner und heller vor: die Wiesen und Bäume, die Bauernhöfe und die Kirche mit dem goldenen Zwiebelturm.

Als sie am Stadtrand angekommen waren, bog Tante Katja auf eine andere Landstraße ab. Und dann, Lotte kam es endlos vor, fuhr Katja endlich rechts in eine Forststraße, die mitten durch einen Tannenwald führte. Deshalb hieß das Gestüt also *Tannhof*.

»Wie lange dauert's denn noch?«, fragte Lotte.

»Gleich sind wir da«, versprach Tante Katja.

Und tatsächlich – wenige Minuten später lichtete sich der Wald, und ein großes, längliches Gebäude tauchte vor ihnen auf, umgeben von herrlichen Wiesen und Weiden.

Lotte presste ihre Nase gegen die Autoscheibe. »Da vorne sind Ponys! Da vorne, auf der Weide.«

»Ja, ich sehe sie«, sagte Tante Katja. »Die freuen sich bestimmt, wenn sie gleich Besuch bekommen.«

Kurz darauf hielt Tante Katja auf dem Hof vor dem Wirtschaftsgebäude und stieg aus dem Wagen. Erst jetzt sah Lotte, dass sie eine dunkelblaue Reithose und blank geputzte, schwarze Stiefel anhatte. Toll sah sie damit aus.

Der Hof war bis auf zwei parkende Autos leer. »Komm«, sagte Tante Katja, »sehen wir uns erst mal ein bisschen um.«

Neben dem Wirtschaftsgebäude waren die Ställe, und daneben gab es noch einen zweiten, etwas kleineren Hof, an den der Außenplatz grenzte. Dort ritten gerade ein paar Kinder.

Der Reitlehrer, ein großer schwarzhaariger Mann, stand in der Mitte und gab die Kommandos: »Tee-rrab! Schön langsam, tief in den Sattel setzen …«

Neugierig lief Lotte hin. »Ich will auch endlich reiten!«

»Das kommt schon noch«, sagte Tante Katja. »Bei mir kannst du alles lernen, aber vor dem Reiten musst du die Ponys kennenlernen, sie füttern und pflegen, den Stall ausmisten. So hab ich auch angefangen.«

Lotte nickte. Egal, was sie zuerst machen durfte: Alles, was mit echten Ponys und Pferden zu tun hatte und nicht nur mit den Fotos in ihrem Pferdealbum, war wunderschön.

Inzwischen hatte der Reitlehrer sie bemerkt und kam lächelnd auf sie zu. »Hallo, Frau Herzog! Sie wollen sicher wieder zu Herrn Kehlmann.«

»Ja, genau«, sagte Tante Katja. »Ich hab einen Termin mit ihm vereinbart.«

Der Reitlehrer zeigte mit seiner Gerte in die Richtung, aus der sie gekommen waren. »Er ist bestimmt im Stall. Gehen Sie einfach rein.«

»Danke«, sagte Tante Katja.

Während sie zurück zu den Ställen liefen, ging das Tor auf, und ein kräftiger, ungefähr vierzig Jahre alter Mann kam mit langen Schritten heraus.

»Hallo, Herr Kehlmann!«, sagte Tante Katja.

»Schön, Sie wiederzusehen, Frau Herzog«, sagte der Besitzer mit tiefer, ruhiger Stimme.

Tante Katja legte den Arm um Lotte. »Heute habe ich jemanden mitgebracht. Das ist meine Nichte Lotte.«

Herr Kehlmann zwinkerte Lotte zu. »Du bist sicher ganz verrückt nach Ponys, hab ich recht?«

»Und wie!«, sagte Lotte.

Herr Kehlmann lachte. »Dann bist du hier bei uns genau richtig. Neben Holsteinern züchten wir nämlich hauptsächlich Ponys: New-Forest-Ponys, Deutsche Reitponys und Shetlandponys für die Kleinen. Die Fohlen wachsen in der Herde auf und sind von Anfang an viel mit Kindern zusammen. Mit drei bis vier Jahren reiten wir sie an, und danach sind sie die idealen Nachwuchspferde für unsere Ponykinder.«

Tante Katja nickte. »Ich hatte Ihnen ja schon erzählt, dass ich ein paar meiner neuen Ponys gern selber anreiten möchte. Früher hab ich das oft gemacht, in den USA und in Kanada auf verschiedenen Reiterhöfen.«

»Da haben Sie sich ja einiges vorgenommen«, sagte Herr Kehlmann.

»Was ist Anreiten?«, fragte Lotte dazwischen.

Der Besitzer erklärte es: »Nicht nur wir Menschen müssen

reiten lernen, auch die Pferde müssen die Bedeutung der Zeichen und die Gangarten Schritt, Trab und Galopp am Anfang erst lernen, damit sie verstehen, was der Reiter von ihnen will. Dazu brauchen sie einen erfahrenen Lehrer.«

»Alles klar.« Lotte warf ihrer Tante einen bewundernden Blick zu. Gab es eigentlich etwas, das sie nicht konnte?

»Ich weiß, dass da viel Arbeit auf mich zukommt«, sagte Tante Katja. »Aber ich freu mich schon sehr darauf. Ich hab viel zu lange nicht mit Pferden gearbeitet.«

»Ja, das kenne ich«, sagte Herr Kehlmann. »Wenn man Pferde liebt, kann man nicht ohne sie leben.«

Lotte trat von einem Fuß auf den anderen. »Können wir jetzt zu den Ponys gehen?«

»Natürlich«, sagte Herr Kehlmann. »Die meisten sind gerade auf der Weide.«

Der Besitzer führte sie außen an den Ställen vorbei. An einer Seite standen die Türen der Boxen offen und mündeten in eingezäunte, offene Plätze.

»Toll, dass Sie Paddocks haben«, sagte Tante Katja. »Da können sich die Pferde auch im Winter im Freien bewegen.«

»Ja«, sagte Herr Kehlmann. »Wir achten sehr auf artgerechte Haltung.«

Die meisten der Paddocks waren leer, nur im letzten stand ein dunkelbraunes Pferd und spitzte neugierig die Ohren.

»Wer ist denn das?«, fragte Lotte.

»Das ist Rosario«, antwortete Herr Kehlmann, »einer unserer schönsten Holsteiner, ein Wallach.«

Tante Katja lief auf Rosario zu und streckte ihre Hand aus. Der Wallach schnupperte ausgiebig daran.

»Der ist wunderschön!«, sagte Tante Katja. »Wie alt ist er gleich noch mal?«

»Vier Jahre«, sagte Herr Kehlmann.

Lotte ging auch näher ran und staunte. So ein großes Pferd hatte sie noch nie gesehen: Es hatte einen sehr kräftigen Hals, einen langen Rücken und schlanke, ellenlange Beine, mit denen es unruhig hin und her tänzelte. Während Tante Katja mit ihm sprach, beruhigte es sich schnell wieder.

»Ich liebe Holsteiner!«, sagte Tante Katja. »Sie sind so athletisch und ausdrucksvoll. Und sie können alles: springen, Vielseitigkeitsreiten, Dressurreiten. Dressur ist übrigens meine Lieblingsdisziplin.«

»Dafür eignet sich Rosario sehr gut«, sagte Herr Kehlmann. »Und er ist ein besonders schöner Schwarzbrauner, sehr ausgeglichen und zuverlässig.«

Tante Katja konnte sich gar nicht mehr losreißen. »Ich hab mich sofort in ihn verliebt, als ich das erste Mal hier war. Wie viel wollten Sie für ihn haben?«

Herr Kehlmann nannte den Preis.

Tante Katja seufzte. »Ja, ich erinnere mich. Eigentlich ist mein Budget nämlich nicht so groß …«

Rosario vergrub seine Nüstern in Katjas Hand.

»Na, du?«, sagte Tante Katja. »Magst du mich?«

Rosario schnaubte.

Tante Katja lächelte. »Ich glaube, er hat mich schon fast überzeugt.«

»Sie können ihn gerne noch mal Probe reiten«, sagte Herr Kehlmann.

»Oh ja!«, sagte Tante Katja. »Hast du was dagegen, Lotte?«

Lotte schüttelte den Kopf. Natürlich konnte sie es kaum erwarten, die Ponys zu sehen, aber andererseits hatte sie Tante Katja schon ewig nicht mehr reiten sehen.

»Ich putze und sattele ihn wieder selber«, sagte Katja.

Herr Kehlmann nickte. »Gern. Ich hol seinen Putzkasten.«

Und dann ging alles sehr schnell: Mit sicheren, geübten Handgriffen hatte Tante Katja Rosario im Handumdrehen gestriegelt und gesattelt. Der Wallach ließ alles ruhig mit sich geschehen. Obwohl er Tante Katja noch nicht lange kannte, schien er großes Vertrauen zu ihr zu haben.

Tante Katja führte ihn vorsichtig durch das Innere der Box und den Stallgang entlang nach draußen. Dann holte sie Schwung und saß auch schon fest und sicher im Sattel. Lotte starrte mit offenem Mund zu ihr hinauf. So weit oben sah Tante Katja aus wie eine Königin.

Sie nahm die Zügel auf und drückte sanft ihre Schenkel gegen Rosarios Bauch. Der verstand die Hilfen sofort und ging los.

»Sie können auf dem Außenplatz Probe reiten«, sagte Herr Kehlmann. »Die Reitstunde ist schon zu Ende.«

»Danke«, sagte Tante Katja, während sie im Schritt auf den Außenplatz zusteuerte.

Lotte folgte ihr und stellte sich neben Herrn Kehlmann hinter die Abgrenzung.

Tante Katja ließ Rosario eine Weile im Schritt gehen, dann fiel er in leichten Trab und kurz darauf in Galopp. Gebannt schaute Lotte zu. Wie fließend und leicht das alles aussah, und wie geschmeidig sich Tante Katja den Bewegungen des Pferdes anpasste!

Herr Kehlmann pfiff durch die Zähne. »Deine Tante kann wirklich sehr gut reiten.«

»Na klar!«, sagte Lotte.

Lauter junge Ponys

Nach einer Weile brachte Tante Katja Rosario zum Stehen und ritt dann auf Lotte und Herrn Kehlmann zu. Ihre Wangen waren gerötet, und ihre Augen strahlten.

»Jetzt bin ich mir ganz sicher. Ich nehme ihn.«

»Das hab ich mir doch gedacht«, sagte Herr Kehlmann. »Sie werden es bestimmt nicht bereuen.«

Katja stieg ab und tätschelte Rosario den Hals. »Brav, mein Guter, jetzt darfst du wieder zurück in deinen Paddock.«

Als Tante Katja und Herr Kehlmann Rosario versorgt hatten, war es endlich so weit: Zu dritt gingen sie zur Weide. Lotte reckte den Kopf, um die Ponys möglichst früh zu sehen. Tante Katja und Herr Kehlmann unterhielten sich über fachliche Dinge und trödelten schrecklich. Irgendwann hielt Lotte es nicht mehr aus und lief voraus zum Gatter. Und plötzlich sah Lotte sie: schwarze, braune, weiße und gescheckte Ponys. Ponys, die zusammen spielten, Ponys, die um die Wette liefen, Ponys, die am Wassertrog ihren Durst stillten, Ponys, die sich gegenseitig ihr Fell zerzausten, und Ponys, die vor sich hin dösten.

Lotte lehnte sich gegen das Gatter, sah ihnen gebannt zu und lauschte ihrem fröhlichen Wiehern.

»Na, was sagst du zu unseren Prachtexemplaren, Lotte?«, fragte Herr Kehlmann.

Lotte zuckte zusammen. Sie hatte gar nicht gemerkt, dass

Tante Katja und Herr Kehlmann sich neben sie gestellt hatten.

»Sie sind … so … toll«, sagte Lotte. Ihr fehlten die Worte, was ihr normalerweise nie passierte.

Tante Katja legte den Arm um sie. »Ja, Ponys und Pferde sind die wunderbarsten Tiere auf der ganzen Welt.«

Schweigend beobachteten sie die Herde, die sich durch ihre Anwesenheit nicht im Geringsten stören ließ.

Herr Kehlmann räusperte sich. »Soll ich ein bisschen was zu den einzelnen Rassen sagen?«

Tante Katja drehte sich zu ihm um. »Gern.«

»Also«, sagte Herr Kehlmann, »das da drüben, die verrückten Wettläufer, sind Deutsche Reitponys. Sie sind manchmal etwas stürmisch. Kein Wunder, sie haben ja auch einen Schuss arabisches Blut in den Adern.«

Lotte zeigte auf einen Rappen und einen Fuchs, die sich von den anderen abgesondert hatten und zu zweit spielten. »Wie heißen die beiden da?«

»Der Rappe ist unser Wallach Avanti, sehr lebhaft und verspielt«, sagte Herr Kehlmann. »Die Fuchsstute daneben ist Zamira.«

Lotte folgte den eleganten Bewegungen von Avanti. Er war schneller als Zamira, immer eine Nasenlänge voraus. Und er schien sich tierisch darüber zu freuen, zumindest schnaubte er die ganze Zeit.

»Avanti ist süß!«, sagte Lotte.

Herr Kehlmann wiegte den Kopf. »Unterschätz ihn nicht! Er kann auch ganz schön eigenwillig sein und braucht einen erfahrenen Reiter. Aber wir haben ja nicht nur Deutsche Reitponys, sondern auch New-Forest-Ponys. Drei davon sind gerade da drüben beim Wassertrog. New-Forest-Ponys sind viel ruhiger als Deutsche Reitponys. Sie stammen aus Südengland, sind sehr ausgeglichen und eignen sich hervorragend als Freizeitpferde für Kinder.«

»Ich weiß«, sagte Tante Katja. »Genau das suche ich auch für meine Reitschüler.«

Herr Kehlmann zeigte nun auf eine dritte Gruppe kleiner, gedrungener Ponys mit üppiger Mähne und Schweif. Im Gegensatz zu den beiden anderen Rassen waren hier auch einige Schecken darunter.

»Und das sind Shetlandponys«, kam ihm Lotte zuvor.

»Richtig«, sagte Herr Kehlmann. »Du kennst dich gut aus.«

Lotte lächelte. »Shetties sind lustig, besonders die Schecken. Und dickköpfig.«

»Ja, genau«, sagte Herr Kehlmann.

Während Tante Katja dem Besitzer ein paar Fragen zu den Zuchtbedingungen stellte, ließ Lotte ihren Blick über die Weide schweifen und blieb wieder bei Avanti hängen. Der Wallach tollte immer noch mit Zamira herum. Die beiden schienen sich sehr gut zu verstehen. Wahrscheinlich kannten sie sich schon länger und waren gut befreundet.

»Tante Katja«, sagte Lotte. »Kaufst du Avanti und Zamira?«

»Nein«, sagte Tante Katja. »Ich habe sie zwar auch schon Probe geritten, aber mich dann für New-Forest-Ponys entschieden, weil die unkomplizierter sind für Reitanfänger.«

»Und was ist mit den Shetties?«, fragte Lotte.

»Die brauchen wir natürlich«, sagte Tanta Katja. »Ich will auch für kleine Kinder etwas anbieten und Reiterspiele machen.«

Lotte zeigte auf zwei Schecken, die sich mit den Köpfen aneinander rieben. Ihre Mähnen verwuschelten sich miteinander und waren kaum noch auseinanderzuhalten. »Die da! Die sind schön. Wollen wir die kaufen?«

»Vielleicht«, sagte Tante Katja und lächelte geheimnisvoll. »Du könntest dich ja mal auf eins der beiden Shetlandponys setzen, und Herr Kehlmann führt dich ein bisschen herum.«

»Au ja!«, rief Lotte.

Sie hatte zwar schon einmal auf einem Pony gesessen, vor einem Jahr auf einem Volksfest, aber das zählte nicht so richtig.

»Gute Idee«, sagte Herr Kehlmann. »Ich hole nur Halfter und Strick, dann kann es gleich losgehen.«

Kurz darauf kam er zurück und öffnete das Gatter. »Bist du bereit, Lotte?«

»Klar«, sagte Lotte.

Herr Kehlmann nickte. »Dann nichts wie los. Mäxchen und Floh freuen sich bestimmt, so heißen die beiden Shetties. Sie sind noch sehr jung, gerade mal zwei Jahre alt, und beides Wallache.«

Sobald sie die Weide betraten, blieben viele Ponys stehen und spitzten die Ohren.

Lotte begrüßte jedes Pony, an dem sie vorbeikam. »Hallo, du! Na, wie geht's? Und, schmeckt dir das Gras?«

Die Ponys sahen ihr aufmerksam entgegen, doch als sie sich

an den Besuch auf der Weide gewöhnt hatten, fraßen und spielten sie weiter.

Mäxchen und Floh standen zusammen in einer Gruppe Shetties und Deutscher Reitponys. Mäxchen war stämmiger und runder, Floh wirkte dagegen wie ein Leichtgewicht.

»Bei wem willst du aufsitzen?«, fragte Herr Kehlmann.

Lotte zeigte auf Mäxchen. »Bei dem da!«

Herr Kehlmann schnalzte mit der Zunge. »Komm, Mäxchen!«

Das Shetlandpony wollte einen Satz nach vorne machen, aber da hatte Herr Kehlmann ihm schon das Halfter um den Kopf gelegt und den Strick daran befestigt. »Brav, Mäxchen, ganz brav!«

Jetzt hielt das Shetlandpony still, während Floh sich den anderen Ponys zuwandte.

Lotte ließ Mäxchen kurz an ihrer Hand schnuppern. Dann schwang sie sich mühelos auf seinen Rücken Es war gar nicht hoch und richtig bequem, fast wie auf Mamas kuscheligem Lesesessel.

Herr Kehlmann zog leicht am Strick, und schon setzte sich Mäxchen schaukelnd in Bewegung.

Lotte kicherte. Mäxchens breiter Hintern wackelte ganz schön hin und her, und Lotte rutschte von einer Pobacke auf die andere.

»Mach die Beine lang«, sagte Herr Kehlmann, »und sitz so gerade wie möglich.«

Lotte befolgte seine Tipps, und es ging gleich viel besser.

»Sehr schön«, sagte Herr Kehlmann. »Dann wollen wir mal zu deiner Tante gehen.« Er führte Mäxchen an den anderen Ponys vorbei zum Gatter, hinter dem Tante Katja stand, und winkte.

Lotte winkte stolz zurück. »Mäxchen ist total süß!«

Als das Shetlandpony am Gatter angelangt war, streckte es seinen Kopf vor und schnupperte an Tante Katjas Jacke.

»Du hast dir ja gut gemerkt, dass ich das letzte Mal was für dich dabeihatte«, sagte Tante Katja. Dann griff sie in ihre linke Jackentasche und holte eine kleine Karotte heraus.

Mäxchen schnappte danach und ließ sie sich schmecken. Dabei schmatzte er laut.

Lotte kicherte. »Den müssen wir unbedingt nehmen.«

»Überredet«, sagte Tante Katja, »obwohl ich jetzt schon ahne, dass er mir das letzte Haar vom Kopf fressen wird.«

Inzwischen war Floh auch zum Zaun gekommen.

»Und was ist mit dir, Floh?«, fragte Tante Katja. »Willst du auch mit zu mir?«

Floh hob und senkte den Kopf.

»Das heißt eindeutig Ja«, sagte Lotte.

Tante Katja lachte. »In Ordnung. Und den Fuchs da drüben nehme ich auch. Das hatten wir ja schon besprochen.«

»Gern«, sagte Herr Kehlmann. »Am besten kommen Sie selber auf die Weide, dann können Sie die drei Shetlandponys noch mal genauer begutachten.«

Rasch öffnete Tante Katja die Gattertür und schlüpfte hinein, bevor eins der Ponys ausbüxen konnte.

Die nächste Stunde verging wie im Flug. Tante Katja zeigte Lotte die Ponys, die sie bereits ins Herz geschlossen hatte. Neben den drei Shetties waren das vier New-Forest-Ponys: die braune Stute Lissy, die Schimmelstute Coco, der braune Wallach Ramses und der Rappe Pirat, ebenfalls ein Wallach.

»Und was ist mit Avanti?«, fragte Lotte.

»Du hast den Rappen also nicht vergessen«, sagte Tante Katja.

»Hm, ich weiß nicht ... Er ist eigentlich zu groß für Kinder.«

»Ja«, bestätigte Herr Kehlmann. »Für ein Deutsches Reitpony ist er wirklich sehr groß: Er hat 148 cm Stockmaß.«

»Das macht doch nichts«, sagte Lotte. »Ich hab keine Angst vor großen Ponys. Bitte, Tante Katja, das wär so toll!«

Erst verzog Tante Katja das Gesicht, dann gab sie schließlich doch nach. »Na, gut, weil du es bist. Das ist aber dann das letzte Pony. Zusammen mit Rosario haben wir jetzt neun Tiere, und mehr kann ich mir wirklich nicht leisten.«

Kaum hatte sie den letzten Satz ausgesprochen, tauchte hinter Avanti Zamira auf und wieherte.

»Zamira könnten wir doch auch noch kaufen«, schlug Lotte vor.

Doch Tante Katja schüttelte energisch den Kopf. »Nein, das geht auf keinen Fall. Ich hab mein Budget sowieso schon überzogen.«

»Bitte, bitte!«, rief Lotte und versuchte, Philipps unwiderstehlichen Augenaufschlag nachzumachen. Aber Tante Katja ließ sich nicht umstimmen.

»Quäl mich nicht, Lotte«, sagte sie. »Es hat keinen Sinn.«

Da gab Lotte auf. Zum Trost warf sie Zamira noch eine Kusshand zu, als sie die Weide verließen. Die Stute beachtete sie aber schon nicht mehr, sie tollte bereits wieder mit Avanti und ein paar anderen Ponys herum.

Lotte ging mit Tante Katja und Herrn Kehlmann zurück zum

Hof. Der Besitzer lud sie in sein Büro ein und bot ihnen Apfelschorle und Kekse an. Gierig stürzte sich Lotte auf die Kekse. Ponys kaufen machte ganz schön hungrig.

Jetzt kam leider der langweilige Teil des Ganzen. Tante Katja stellte Herrn Kehlmann noch viele Fragen, die Lotte überhaupt nicht interessierten. Unter anderem ging es um die Kaufverträge und eine Klausel, in der Herr Kehlmann versprach, dass er die Ponys zurücknehmen würde, falls eine Untersuchung beim Tierarzt ergeben würde, dass sie nicht gesund wären. Nachdem die beiden noch ausgemacht hatten, wann Katja mit dem Hänger kommen und die Tiere nach und nach abholen würde, kamen sie endlich zum Ende. Inzwischen hatte Lotte die Schale mit Keksen ratzeputz leer gegessen.

»Vielen Dank für alles«, sagte Tante Katja. »Ich bin sehr glücklich über die Ponys – und besonders über Rosario.«

Herr Kehlmann schüttelte ihr die Hand. »Ich wünsche Ihnen viel Spaß mit den Tieren und viel Erfolg mit Ihrem Ponyhof!«

»Danke«, sagte Tante Katja. »Den kann ich brauchen.«

Dann gab Herr Kehlmann Lotte die Hand. »Auf Wiedersehen, Lotte! Wer weiß? Wenn ich dich das nächste Mal sehe, kannst du vielleicht schon reiten.«

Lotte nickte. »Klar!«

Wenn es nach ihr gegangen wäre, hätte sie am liebsten heute noch damit angefangen.

Sorgen um Avanti

Sobald Lotte am Morgen die Augen aufschlug, wusste sie, dass heute ein ganz besonderer Tag war. Sie warf die Decke zur Seite und sprang aus dem Bett. Und dann fiel es ihr sofort wieder ein: Heute würde Tante Katja den Ponyhof eröffnen – mit einem großen Fest und ganz vielen Gästen, Kindern und Erwachsenen. Es war Samstag, und schon am späten Vormittag würde es losgehen, mit Spielen, Grillen und allem Drum und Dran.

Vier Wochen waren inzwischen vergangen. Vier Wochen, in denen Tante Katja alle Hände voll zu tun gehabt hatte: mit Malerarbeiten, ihrem Umzug und natürlich dem Umzug von Rosario und den Ponys. Lotte war öfter vorbeigekommen und hatte angeboten zu helfen, doch allzu viel konnte sie leider nicht tun, weil die meisten Arbeiten zu schwer für sie waren. Zum Glück hatte Tante Katja viele Freunde und Bekannte, die alle mit anpackten. Auch Lottes Vater unterstützte seine Schwägerin mit seinen handwerklichen Fähigkeiten, und so konnte Tante Katja den Ponyhof *Sonnenhang* – der Name war ihr spontan eingefallen, weil er so fröhlich klang – früher eröffnen, als sie gedacht hatte.

Trotzdem dauerte Lotte alles viel zu lange. Doch heute hatte das Warten endlich ein Ende. Schnell lief Lotte hinüber ins Bad und sprang unter die Dusche. Im Rekordtempo war sie geduscht. Mama hatte ihr einen selbst geschneiderten Rock für das Fest zurechtgelegt, aber den würde Lotte bestimmt nicht anziehen. Stattdessen griff sie nach einem roten T-Shirt mit einem Pferdekopf vorne drauf und ihrer ausgewaschenen Lieblingsjeans. Stolz drehte sie sich vor ihrem Spiegel.

Da tauchte Philipp im Schlafanzug, mit seinem Koala unterm Arm, in der Tür auf. »Spielst du mit mir Zirkus?« Anscheinend hatte er schon wieder ein neues Lieblingsthema gefunden.

»Jetzt nicht, Philipp«, sagte Lotte. »Heute hab ich keine Zeit. Heute ist doch das Fest von Tante Katja.«

»Super!«, rief Philipp, der noch von einem Tag zum nächsten lebte und den Termin völlig vergessen hatte. »Ich komme mit.«

Als Lotte in die Küche kam, saß Mama allein am Tisch und blätterte in der Werbebroschüre eines Gartencenters.

»Wo ist denn Papa?«, fragte Lotte.

Mama sah sie an, aber statt auf die Frage zu antworten, verzog sie das Gesicht. »Warum hast du denn den schönen Rock nicht angezogen? Er steht dir so gut.«

»Ich hasse Röcke!«, sagte Lotte. Wann würde diese Information endlich mal bei ihrer Mutter ankommen? »Also, wo ist Papa?«, fragte sie noch mal.

Mama seufzte. »Der ist schon drüben bei Tante Katja, den Grill anwerfen. Du weißt doch, er macht immer eine richtige Zeremonie daraus.«

»Was?«, rief Lotte. »Warum hat er mich nicht geweckt?«

»Er wollte dich ausschlafen lassen«, sagte Mama. »Schließlich hast du heute einen langen Tag vor dir, Schatz.«

Lotte stöhnte. Manchmal taten ihre Eltern immer noch so, als wäre sie ein Baby. Schnell stopfte sie sich im Stehen eine halbe Scheibe Toast in den Mund und trank ein paar hastige Schlucke von ihrem Kakao.

»Setz dich wenigstens hin zum Frühstück«, sagte Mama. »Das Fest geht doch erst in zwei Stunden los.«

Lotte schüttelte heftig den Kopf, und ihr Pferdeschwanz flog hin und her. »Nein, ich muss los!«

Mama lächelte. »Du kannst es wohl nicht mehr erwarten, was? Na gut, dann verschwinde, du Pferdenärrin, bis später!«

»Tschüss!«, rief Lotte und rannte zur Tür.

Bis zu Tante Katjas Ponyhof waren es zu Fuß nur zehn Minuten, aber Lotte nahm das Fahrrad, damit es noch schneller ging. Nach einer rasanten Fahrt bog sie keuchend in den großen Innenhof ein, der von rustikalen Fachwerkgebäuden umgeben war. Sie warf das Fahrrad ins Gras und blieb staunend stehen. Obwohl sie den Ponyhof schon fertig renoviert gesehen hatte, sah er heute ganz anders aus: In den Bäumen hingen bunte Girlanden und Lampions, und überall waren Biertische und Bänke aufgestellt. Die Tische waren bereits geschmückt: mit Konfetti, kleinen Hufeisen aus Silberpapier und Servietten mit Pferdemotiven drauf. Auf einem kleinen Tisch lagen Grillbesteck und Alufolie. Daneben hatte Papa den Grill aufgebaut und hüllte sich in Rauchschwaden.

Als er sie sah, winkte er. »Hallo, Lotte!«

»Hallo, Papa!«, rief Lotte zurück. »Weißt du, wo Tante Katja ist?«

»Bestimmt auf der Weide«, sagte Papa.

Lotte nickte und lief auf den Stall zu. Wenn sie ihn und den angrenzenden Heuboden durchquerte, kam sie am schnellsten zur Weide.

Papa hatte recht gehabt. Tante Katja war tatsächlich auf der Weide, umgeben von ihren acht Ponys und Rosario. Doch auch die Ponys sahen heute irgendwie anders aus. Erst als Lotte näher kam, erkannte sie, wieso. Tante Katja hatte Mähnen und Schweif jeweils zu lauter kleinen Zöpfen geflochten und frische Tulpen hineingesteckt.

»Sieht das schön aus!«, rief Lotte.

Tante Katja trat einen Schritt zurück und begutachtete ihr Werk. »Findest du? Danke! Ich hab mir auch große Mühe gegeben.«

Den Ponys schien ihr Schmuck auch zu gefallen, bis auf Avanti. Der tänzelte unruhig hin und her und legte die Ohren an.

»Was ist denn mit ihm?«, fragte Lotte.

»Ich weiß nicht«, sagte Tante Katja. »Seit ich ihn auf den Hof gebracht habe, ist er irgendwie komisch: total ängstlich, scheu und unruhig. Der Tierarzt war schon da und hat ihn untersucht, aber er konnte nichts feststellen. Keine Ahnung, was mit ihm los ist. Vielleicht hat er Probleme, sich hier einzugewöhnen. Pass auf jeden Fall auf, und komm ihm nicht zu nahe.«

Lotte nickte. »Kann ich dir noch was helfen?«

»Ja«, sagte Tante Katja und nickte. »Du kommst gerade recht.

Hilfst du mir, die Namensfähnchen in die Mähnenzöpfe hineinzustecken? Das hab ich mir ausgedacht, damit unsere Gäste gleich wissen, wie die Ponys heißen.«

»Tolle Idee«, sagte Lotte. »Klar helf ich dir.«

Tante Katja näherte sich Avanti und redete beruhigend auf ihn ein. Inzwischen suchte Lotte die Fähnchen von Mäxchen, Floh und Bambini heraus, den drei Shetlandponys. Mäxchen ließ sich das Fähnchen ohne Weiteres anstecken, Floh auch. Nur Bambini, die kleine Fuchsstute, drehte jedes Mal den Kopf weg, wenn Lotte sich ihr mit dem Fähnchen näherte.

»He!«, rief Lotte. »Das gilt nicht.«

Bambini zeigte ihre Zähne und flehmte.

»Du musst ihr das Fähnchen vor die Nüstern halten«, riet Tante Katja, »damit sie es kennenlernen kann. Pferde schrecken oft vor Dingen zurück, die sie noch nie gesehen haben.«

Lotte streckte Bambini das Fähnchen hin. Ausgiebig schnupperte die Stute daran. Als sie noch damit beschäftigt war, zog Lotte das Fähnchen unbemerkt weg und steckte es in Bambinis Mähne.

»Sehr gut!«, lobte Tante Katja.

Bald waren Avanti, die anderen Ponys und Rosario geschmückt. Zufrieden betrachtete Katja ihre Tiere und nickte.

»Jetzt seht ihr wirklich fein aus – im Gegensatz zu mir, ich bin noch nicht mal geduscht!«

»Kann ich sonst noch was helfen?«, fragte Lotte.

»Oh ja«, sagte Tante Katja. »Du könntest mir einen Riesengefallen tun, wenn du die Lose für die Lotterie zusammenfaltest und in die Losbox legst. Dann kann ich nämlich in der Zwischenzeit duschen und mir die Haare waschen.«

»Kein Problem«, sagte Lotte. »Was gibt es denn zu gewinnen?«

»Der Hauptgewinn sind fünf Gratis-Reitstunden«, sagte Tante Katja. »Als zweiten Preis gibt es einen Putzkasten und als dritten Preis ein Hufeisen. Und außerdem jede Menge Trostpreise.«

Tante Katja zeigte Lotte die Klarsichthülle mit den Losen und ließ sie dann allein, um im Bad zu verschwinden.

Lotte setzte sich mit der Box und den Losen auf die Bank vorm Haus. Während ihre Finger fast automatisch die Zettel falteten, malte sie sich aus, dass sie drei Lose kaufen und den Hauptpreis ziehen würde. Fünf Gratis-Reitstunden, das wäre der absolute Wahnsinn! Die würde sie natürlich sofort einlösen, und Tante Katja müsste ihr beibringen, wie man über die Felder galoppiert …

Das große Fest

Beim Losefalten und Träumen vom Reiten verging die Zeit wie im Flug. Bald kam Tante Katja zurück, frisch geduscht und frisiert und in ihrem Lieblings-Reiteroutfit. Und kurz darauf trudelten bereits die Gäste ein. Mama und Philipp waren auch dabei. Philipp hatte seinen Koala dabei und fragte: »Wer spielt mit mir Zirkus?«

Niemand antwortete. Die meisten Gäste waren pferdeverrückte Mädchen mit ihren Müttern, und die wenigen Väter hatten sich neben Papa am Grill versammelt, um Männergespräche zu führen.

»Wir können auch Ritter spielen«, versuchte Philipp es noch mal. »Wer kämpft mit mir?«

Wieder antwortete niemand, bis Mama endlich sagte: »Ich!«

Philipp verzog verächtlich die Mundwinkel. »Mit Frauen kämpfe ich nicht. Ist hier kein mutiger Ritter?«

Plötzlich klatschte Tante Katja in die Hände. »Hallo! Kommt bitte alle mal her!«

Sofort kamen alle Gäste angelaufen und sahen Katja erwartungsvoll an.

»Herzlich willkommen auf dem Reiterhof *Sonnenhang*!«, sagte Tante Katja. »Ich freue mich sehr, dass ihr da seid. Heute habt ihr die Gelegenheit, euch alles ganz genau anzusehen: den Hof und die Ponys. Und die Kleinen dürfen auch schon mal eine

Runde auf den Shetties reiten. Aber bevor ich gleich einen Rundgang mit euch mache, möchte ich euch meine beiden Mitarbeiter vorstellen.«

Mitarbeiter?, dachte Lotte verwundert. Hatte Tante Katja es sich etwa anders überlegt und wollte sie doch als Pferdepflegerin einstellen? Davon hatte sie gar nichts gesagt.

Doch leider zeigte Tante Katja nicht auf ihre Nichte, sondern auf zwei junge Männer neben sich. Den einen, einen Typ mit rundem, freundlichem Gesicht und rötlichen Haaren, kannte Lotte bereits. Er wohnte auf dem Bauernhof nebenan und war total nett. Jedes Mal, wenn Lotte vorbeikam, schenkte er ihr etwas: ein Ei, eine Rabenfeder oder eine Blume.

»Das ist Tobi«, sagte Tante Katja. »Er arbeitet hier als Pferdepfleger. Und das ist Hannes. Da ich nicht alle Reitstunden geben kann, unterstützt er mich als Reitlehrer.«

Ein Raunen ging durch die Menge, und ein paar Mädchen seufzten leise.

Lotte sah sich Hannes genauer an. Er war sehr groß, schlank und hatte schwarze, lange Haare, die ihm in die Stirn fielen. Aber das Auffälligste an ihm war sein Lächeln. Er grinste breit und zeigte dabei ein Grübchen am Kinn. Lotte schüttelte den Kopf. Sie würde nie verstehen, dass manche Mädchen sich nicht in ein Pony, sondern in den Reitlehrer verliebten. So was würde ihr garantiert nie passieren!

Endlich war Tante Katja fertig mit ihrer Vorstellungsrunde. »Und wenn ihr jetzt Lust habt, zeig ich euch den Hof.«

Die Gäste klatschten und folgten Katja, die als Erstes auf den

Stall zusteuerte. Lotte ging mit, obwohl sie den Hof schon in- und auswendig kannte. Der Stall war viel kleiner als der auf dem *Tannhof*, aber auch viel gemütlicher. Die Boxen waren sehr geräumig, und die Ponys konnten hinausgehen und sich im Paddock unter freiem Himmel bewegen. Jetzt waren die Boxen natürlich alle leer, weil die Ponys auf der Weide waren. Ungeduldig wartete Lotte, bis die Tante den Gästen auch noch den Heuboden, die Sattelkammer und den Putzplatz hinter dem Stall gezeigt hatte. Und dann ging es auf die Weide!

»Ah!«, »Oh!« und »Sind die süß!«, riefen die Gäste, als sie die geschmückten Ponys entdeckten.

»Ihr dürft sie ruhig streicheln«, sagte Tante Katja. »Nur bei Avanti müsst ihr vorsichtig sein, der ist noch sehr scheu und ängstlich. Und bitte gebt ihnen keine Zuckerstücke, die sind ganz schlecht für die Zähne. Ihr könnt sie mit den Sachen füttern, die hier in der Schale am Zaun sind: Karotten- und Apfelstücke.«

Sofort stürzten sich die Mädchen auf die Schale und steckten den Ponys durch den Zaun die Leckerbissen zu. Lotte schaffte es erst nach einer Weile, sich nach vorne durchzuboxen. Als sie auch ein Karottenstück erwischt hatte, lockte sie Bambini zu sich her.

Die Fuchsstute verstand sofort, was Lotte von ihr wollte. Sie drängte sich zwischen Coco und Ramses durch und schnappte sich die Karotte. Samtweich waren ihre Lippen auf Lottes Hand, und es kitzelte ein bisschen.

»Lass es dir schmecken!«, sagte Lotte.

44

Doch da hatte sich Bambini schon einem anderen Mädchen
zugewandt, das ihr ein Apfelstück hinstreckte. So ein untreuer
Vogel!

Ein bisschen enttäuscht drehte sich Lotte um. Da entdeckte
sie ein blondes Mädchen in einem blauen Kleid, das ein wenig
abseits von den anderen stand.

»Hallo!«, sagte Lotte. »Ich heiße Lotte, und wer bist du?«

»Mareike«, antwortete das Mädchen und trat unschlüssig von
einem Bein aufs andere.

»Worauf wartest du?«, fragte Lotte. »Gleich sind die Karotten
und Äpfel alle.«

Mareike öffnete ihre rechte Hand, in der ein Karottenstück
lag.

Lotte wunderte sich noch mehr. »Na, los! Such dir ein Pony
aus, und gib ihm dein Karottenstück.«

»Ich weiß nicht«, sagte Mareike und warf einen kurzen Blick zu den Ponys hinüber. Dann sah sie schnell wieder weg.

Plötzlich begriff Lotte: Genauso verhielt sich Philipp immer, wenn er in den Keller hinuntergehen sollte, weil er im Dunkeln Angst hatte.

»Du brauchst keine Angst zu haben«, sagte Lotte. »Die Ponys sind total lieb, besonders die Shetties. Auf Mäxchen bin ich sogar schon geritten, und er war ganz brav. Siehst du ihn? Der runde Schecke da drüben, das ist Mäxchen.«

Mareike nickte. »Hmm.«

»Komm, er ist wirklich total süß und lieb«, sagte Lotte.

Mareike sah sie unsicher an, doch dann gab sie sich einen Ruck und ging auf den Zaun zu. Inzwischen war der größte Andrang vorbei, und ein paar Ponys hatten sich bereits zurückgezogen, um weiter zu grasen. Mäxchen, Avanti und Pirat dagegen hofften auf noch mehr Leckerbissen.

Leise rief Mareike: »Mäxchen, Mäxchen!«

Der Wallach spitzte die Ohren und trabte auf sie zu. Zögernd streckte Mareike ihre Hand aus und reichte Mäxchen die Karotte. Der wartete keine Sekunde und schnappte sie sich. Schmatzend kaute er und stupste Mareike mit dem Maul an.

Lotte lachte. »Dieser Vielfraß! Das soll heißen, er will noch mehr.«

»Ich hab leider nichts mehr«, sagte Mareike, »aber wenn ich dich streicheln darf …« Vorsichtig hob sie ihre Hand und strich Mäxchen über den Kopf. Der blieb stehen und genoss die kleine Streicheleinheit.

»Er mag dich«, sagte Lotte.

»Wirklich?«, meinte Mareike. Die Angst aus ihren Augen war verschwunden, und sie lächelte richtig glücklich.

»Alle mal herhören!«, rief Tante Katja. »Jetzt können die Kleinen eine Runde auf den Shetties reiten. Tobi, Hannes und ich werden die Ponys führen.«

Sofort scharte sich eine Horde vier- bis fünfjähriger Kinder mit ihren Eltern um Tante Katja. Philipp war auch dabei. Auf einmal fand er Pferde doch nicht mehr so doof und ließ sich von Tobi auf Mäxchen heben. Als er oben saß, war er ganz stolz, er wackelte so lange herum und machte Faxen, bis er das Gleichgewicht verlor und vom Rücken des Ponys hinunterrutschte.

»Tut dir was weh?«, fragte Mama besorgt.

Philipp schüttelte entrüstet den Kopf. »Nee!« Und schon ließ er sich von Tobi ein zweites Mal auf das Pony hinaufhelfen.

»Komm«, sagte Lotte zu Mareike. »Die Shetties sind nur was für die Kleinen. Lass uns lieber Lose kaufen.«

»Au ja«, sagte Mareike.

Lotte kaufte drei Lose, wie sie es sich vorgenommen hatte, und Mareike eins. Gespannt wickelte Lotte die Lose auf. Sie musste einfach den Hauptgewinn ziehen, sie musste! Doch alle drei Lose waren Nieten.

»Mist!«, rief Lotte. »Und was hast du?«

Mareike antwortete nicht. Sie war ganz blass um die Nase.

Lotte nahm ihr das Los aus der Hand. Dann schnappte sie nach Luft. »Du hast den Hauptgewinn gezogen!«

Jetzt erst konnte Mareike es wirklich glauben. »Ja, stimmt, ich hab gewonnen!« Sie strahlte über das ganze Gesicht.

»Du hast es gut!«, sagte Lotte. »Du hast fünf Reitstunden gewonnen!«

Mareike lächelte. »Also, wenn du willst … fünf Stunden sind ziemlich viel. Ich schenke dir eine Reitstunde.«

»Echt?«, fragte Lotte.

»Echt!«, sagte Mareike.

Lotte hakte sich bei Mareike unter. »Danke! Hey, dann können wir zusammen anfangen zu reiten. Das ist super!«

Lissy auf Abwegen

Als Lotte bei strahlendem Sonnenschein am Montagnachmittag durch das Tor des Ponyhofs radelte, war Mareike schon da und schloss gerade ihr Fahrrad ab. Sie trug eine nagelneue Reithose und ein rosafarbenes T-Shirt mit Blumen drauf.

»Hallo, Lotte!«, sagte sie, während sie versuchte, ihre vom Wind zerzausten Haare glatt zu streichen.

»Hi«, sagte Lotte. »Und, hast du deinen Hauptgewinn dabei?«

Mareike zog den Gutschein über die fünf Gratis-Reitstunden aus ihrer Hosentasche und wedelte stolz damit. »Klar!«

»Dann kann's ja gleich losgehen«, sagte Lotte.

Sie gingen in den Stall, um Tante Katja zu suchen. Aber der Stall war leer, die Ponys waren bei dem schönen Wetter natürlich draußen auf der Weide. Sie wollten schon weitergehen, als sie plötzlich Stimmen aus der Sattelkammer hörten und wieder umkehrten.

Tante Katja war mit Tobi in der Sattelkammer und besprach mit ihm, welche Anschaffungen an zusätzlichem Zaumzeug noch gemacht werden mussten. Sie redete schnell und wirkte ein bisschen gestresst.

»Hallo, Tante Katja!«, sagte Lotte. »Das ist Mareike, sie hat vorgestern den Hauptgewinn gezogen, aber das weißt du ja bestimmt noch. Stell dir vor, sie hat mir eine Reitstunde geschenkt! Und jetzt sind wir da und wollen anfangen. Welche Ponys dürfen wir denn nehmen? Ich würde ja am liebsten auf Avanti …«

»Halt, halt!«, unterbrach Tante Katja. »Nicht so schnell, Lotte. Ich hab dir doch neulich schon erklärt, dass du die Ponys erst kennenlernen musst, bevor du mit dem Reiten anfängst.«

»Aber Mareike hat doch auf dem Ponyhoffest den ersten Preis gewonnen«, protestierte Lotte.

»Ja, ich weiß«, sagte Tante Katja. »Hallo erst mal, Mareike! Die Reitstunden bekommst du natürlich alle. Aber ich vermute, dass du, genau wie Lotte, noch keine Erfahrung mit Ponys hast. Stimmt's, oder täusche ich mich?«

Mareike nickte. »Das stimmt. Ich war vorgestern das erste Mal auf einem Ponyhof. Ich bin nämlich gerade erst hierhergezogen und hab früher in Bochum gewohnt. Aber ich mag Ponys total gerne.«

»Das freut mich«, sagte Tante Katja. »Dann weißt du ja sicher, dass Ponys sehr sensible Tiere sind, zu denen man erst ein Vertrauensverhältnis aufbauen muss. Dazu gehört, dass man sie striegelt, ihren Stall ausmistet und so weiter.«

Mareike nickte wieder, aber Lotte wollte es einfach nicht glauben. »Tante Katja! Ich bin doch auch schon auf Mäxchen geritten. Und Avanti werde ich ganz gut zureden, dann ist er bestimmt nicht mehr so ängstlich.«

Katja seufzte. »Lotte, bitte! Das haben wir doch alles schon besprochen. Ein Shettie ist viel kleiner als die anderen Ponys. Und Avanti ist sehr groß. Außerdem geht es ihm immer noch nicht gut, er ist unberechenbar und könnte ausschlagen, das ist mir viel zu riskant.«

Lotte verschränkte die Arme vor der Brust. Natürlich wusste sie, dass Tante Katja eigentlich recht hatte, aber sie hatte so gehofft, dass sie wegen des Gutscheins eine Ausnahme machen würde.

»Ich mache euch einen Vorschlag«, sagte Tante Katja. »Ihr bleibt hier im Stall und helft Tobi beim Ausmisten. Der freut sich sicher.«

Tobi grinste zur Bestätigung.

»Und wenn ihr fertig seid«, redete Tante Katja weiter, »kommt ihr auf den Außenplatz und könnt mir beim Anreiten zusehen. Heute werde ich wieder mit Lissy arbeiten, der braunen New-Forest-Stute.«

Mareike sah Lotte an. »Das klingt doch gut.«

Lotte schmollte noch, doch sie wusste, wenn Tante Katja einmal etwas beschlossen hatte, rückte sie so schnell nicht mehr davon ab.

»Okay«, murmelte sie schließlich.

»Sehr schön«, sagte Tante Katja und griff nach zwei langen Leinen. »Dann bis später, ihr zwei.«

Als sie weg war, fragte Tobi: »Habt ihr schon mal ausgemistet? Nein? Ich zeig euch, wie's geht, ihr werdet sehen, das macht Spaß.«

Lotte war sich da nicht so sicher, aber es blieb ihr nichts anderes übrig.

»Komm!«, sagte Mareike. »Wenigstens sind wir zu zweit.«

Der Gedanke hellte Lottes düstere Stimmung etwas auf, obwohl sie den leisen Verdacht hatte, dass Mareike vielleicht sogar froh war, dass sie die erste Reitstunde noch etwas hinauszögern konnte. Sicher hatte sie ein bisschen Angst davor.

Tobi führte Lotte und Mareike zu Cocos Box. Dort stank es ganz schön nach Mist. Kein Wunder, das Stroh war voller Pferdeäpfel.

Tobi holte zwei kleine Rechen und ein Kehrblech. »Als Erstes müssen wir die Pferdeäpfel entfernen. Könnt ihr damit schon mal anfangen, während ich von draußen die Schubkarre hole?«

»Klar«, sagte Mareike und nahm einen Rechen in die Hand.

Lotte nahm den anderen. Gemeinsam fischten sie die Pferdeäpfel heraus und legten sie auf das Kehrblech.

Plötzlich hielt Mareike Lotte ihren Rechen unter die Nase. »Frische Pferdeäpfel gefällig? Probieren Sie! Die sind wirklich frisch, noch ganz warm.«

»Iiih!«, rief Lotte. Doch dann musste sie auch kichern. Und auf einmal machte ihr die Arbeit Spaß.

Als Tobi mit der Schubkarre zurückkam, hatten sie schon alle Pferdeäpfel aus Cocos Box entfernt.

»Ihr seid ja schnell«, sagte Tobi. »Toll habt ihr das gemacht.« Mit einem Schwung leerte er das volle Kehrblech über der Schubkarre aus. »So, und jetzt trennen wir das schmutzige vom sauberen Stroh. Ich zeig's euch.« Er nahm eine Mistgabel in die Hand und schaufelte etwas vom nassen, verschmutzten Stroh auf die Schubkarre. »Werft nie sauberes Stroh weg, das können wir hinterher noch verwenden.«

Lotte und Mareike nickten und halfen ihm. Als sie damit fertig waren, harkten sie das Stroh noch mal gründlich durch, um die letzten Schmutzreste zu entfernen.

»Und nun kommt das Allerschönste«, verkündete Tobi. »Wir breiten das frische Stroh aus.«

Lotte atmete tief ein. Der Duft des frischen Strohs war herrlich. Bald hatten sie es in der Box ausgebreitet und gleichmäßig verteilt.

»Sehr gut«, sagte Tobi. »Und jetzt macht euch aus dem Staub, den Rest hier schaffe ich schon alleine.«

Lotte legte die Mistgabel weg und rieb sich den Rücken. Die Arbeit war doch anstrengender gewesen, als sie gedacht hatte. Nun hatten sie sich ihre Belohnung aber auch verdient!

Als sie zum Außenplatz kamen, lief Tante Katja gerade zu Fuß hinter Lissy her. In den Händen hatte sie zwei lange Leinen, die zu den Steigbügeln und dem Halfter der Fuchsstute führten. Es sah aus, als würde sie mit einem Hund Gassi gehen.

Mareike flüsterte Lotte zu: »Hat sie etwa ihre Pferdekutsche verloren?«

Lotte wusste auch nicht, was das Ganze sollte. »Was machst du denn da, Tante Katja?«, fragte sie.

»Das nennt man ›Fahren vom Boden aus‹«, erklärte Tante Katja. »Damit gewöhne ich Lissy daran, dass sie später beim Reiten von jemandem gelenkt wird, der hinter ihr auf dem Rücken sitzt.«

»Ach so«, sagte Lotte.

Die beiden Mädchen stellten sich hinter die Absperrung und sahen zu.

»Brave Lissy«, sagte Tante Katja, »und jetzt gehen wir nach liiinks.« Sie zog leicht an der inneren Leine. Gleichzeitig gab sie außen nach.

Die braune Stute verstand die Hilfen offenbar noch nicht richtig und bog stattdessen nach rechts ab.

»Nicht rechts, liiinks!«, sagte Tante Katja.

Doch Lissy bog wieder rechts ab. Lotte und Mareike kicherten. Und dann sahen sie auch, warum Lissy unbedingt ihren eigenen Willen durchsetzen wollte. Rechts am Rand des Außenplatzes lag nämlich ein Handschuh, den wohl einer der Reitschüler vergessen hatte. Den musste Lissy natürlich ausgiebig beschnüffeln.

Tante Katja seufzte. »Ja, Lissy, jetzt hast den Handschuh kennengelernt. Komm, geh weiter nach liiinks!«

Diesmal achtete die Stute auf den Zug der Leinen und Tante Katjas Stimme und bog tatsächlich links ab.

»Sehr gut, Lissy!«, sagte Tante Katja. »Das hast du ganz toll gemacht.« Sie kramte in ihrer Jackentasche und holte ein Stück altes Brot heraus. »Sie mal hier, Lissy, das ist deine Belohnung.«

Lissy verputzte das Brot, und die beiden arbeiteten weiter. Mal reagierte die Stute mehr, mal weniger auf die Hilfen, je nachdem, wie gut sie sich konzentrierte. Einmal bog sie jedoch sogar zweimal hintereinander richtig ab.

»Toll, Lissy!«, rief Mareike, und Lotte klatschte in die Hände.

Doch da wurde die braune Stute unruhig und stellte die Ohren nach hinten.

»Entschuldige, Lissy«, sagte Lotte, »ich wollte dich nicht erschrecken.«

Tante Katja hatte ihr schon oft erzählt, dass Ponys empfindlich auf unerwartete Geräusche in der Nähe reagierten. Das hatte sie vor lauter Begeisterung vergessen.

»Hast du Lust, zur Weide zu gehen?«, fragte Mareike.

Lotte nickte. Auf Dauer war es doch ein bisschen langweilig, beim Anreiten zuzusehen. Die Mädchen verabschiedeten sich von Tante Katja und liefen zur Weide. Dort setzten sie sich auf den Zaun und sahen den Ponys zu, die entspannt vor sich hin grasten.

»Kennst du schon alle Ponys mit Namen?«, fragte Mareike. »Ich hab mir beim Fest nicht alle merken können.«

»Klar«, sagte Lotte und fing an aufzuzählen: »Das da drüben sind die New-Forest-Ponys Ramses, Coco und Pirat.«

»Und das ist Mäxchen«, machte Mareike weiter, »und neben ihm stehen Floh und … Bambino?«

»Bambini«, verbesserte Lotte. »Der große Holsteiner, das ist Rosario, das Lieblingspferd meiner Tante. Und dann fehlt nur noch Avanti. Warte, der ist … der ist …« Suchend ließ sie den Blick über die Weide schweifen. Vielleicht hatte sich der Rappe ja irgendwo versteckt, hinter dem Wassertrog zum Beispiel, weil er sich vor irgendetwas fürchtete. Doch sosehr sich Lotte auch anstrengte, sie konnte Avanti nicht finden.

»Was ist?«, fragte Mareike.

Lotte schluckte. »Avanti ist weg, ich glaube, er ist ausgebüxt!«

Wo steckt Avanti?

»Bist du sicher?«, fragte Mareike. »Er kann doch nicht einfach weglaufen. Der Zaun ist viel zu hoch, und das Gatter ist auch zu.«

Lotte sprang vom Zaun und kniff die Augen zusammen, um besser gegen die Sonne sehen zu können. »Ich weiß auch nicht, wie er ausbüxen konnte, aber er ist weg. Wir müssen sofort zu Tante Katja!«

»Du hast recht«, sagte Mareike.

So schnell sie konnten, rannten sie zurück zum Außenplatz.

Tante Katja klopfte Lissy gerade den Rücken. »Gut gemacht, meine Brave! Genug für heute. Jetzt gehen wir …«

»Avanti ist weg!«, rief Lotte dazwischen.

Tante Katja riss den Kopf herum. »Was? Wie?«

»Er ist nicht auf der Weide«, sagte Mareike. »Wir haben alles abgesucht, er ist verschwunden.«

»Ausgebüxt!«, sagte Lotte.

Tante Katja schüttelte den Kopf. »Das kann nicht sein, dein Vater hat den Zaun doch gerade erst ausgebessert und … Warte! Eine Stelle wollte er noch gründlicher befestigen, da war eine Latte locker. Vielleicht ist Avanti da durchgeschlüpft. Oh nein!«

Hannes, der Reitlehrer, kam gerade vom Springplatz herüber. »Was ist denn los?«

»Kannst du Lissy die Leinen abnehmen und sie in den Stall bringen?«, fragte Tante Katja. »Ich muss sofort zur Weide. Avanti ist anscheinend ausgerissen.«

Schnell nahm Hannes Lissy entgegen. »Natürlich. Und sobald ich damit fertig bin, komme ich nach. Viel Glück!«

»Danke«, sagte Tante Katja. Dann rannte sie wie der Blitz los.

Lotte und Mareike hatten Mühe, mit Katjas langen Beinen Schritt zu halten. Atemlos kamen sie bei der Weide an.

Tante Katja öffnete das Gatter und ging auf die Ponys zu. Halblaut zählte sie zur Sicherheit noch mal die Namen durch, lief hin und her.

Dann fuhr sie sich durch die Haare. »Mist! Ihr habt leider recht. Kommt, dahinten ist die undichte Stelle am Zaun.«

Lotte und Mareike folgten ihr schnell zum hinteren Teil der Weide, die an den Wald angrenzte. Dort waren tatsächlich zwei Latten herausgerissen. Avanti musste ganz schön viel Kraft aufgewendet haben, um das zu schaffen.

»Das gibt's doch nicht«, sagte Tante Katja. »Warum hat er das bloß getan? Wovor hatte er Angst? Die anderen Ponys waren doch alle sehr nett zu ihm.«

»Vielleicht wollte er ja nur ein bisschen die neue Umgebung auskundschaften«, vermutete Mareike.

Lotte nickte. »Ja, genau! Vielleicht war er deshalb die ganze Zeit so ängstlich, weil er sich nicht richtig wohlgefühlt hat und erst alles ganz genau kennenlernen wollte. Und Ponys sind doch sowieso sehr neugierig, oder?«

»Ja, das sind sie tatsächlich«, sagte Tante Katja. »Aber normalerweise sind sie nicht so wahnsinnig neugierig, dass sie mit aller Gewalt ausreißen und einfach ihre Herde zurücklassen.«

»Stimmt«, sagte Lotte.

Eine Weile schwiegen alle ratlos. Dann richtete Tante Katja sich auf. »Wir dürfen hier nicht rumstehen und Rätsel raten. Wir müssen etwas tun.«

In dem Moment kam Hannes angelaufen. »Kann ich euch helfen? Ist Avanti wirklich ausgebüxt?«

»Ja«, seufzte Tante Katja, »leider.« Dann zeigte sie dem Reitlehrer die undichte Stelle im Zaun.

Hannes kratzte sich am Kinn. »Verflixt! Das werde ich mal ganz schnell reparieren. Nicht, dass noch eins von den anderen Ponys auf die gleiche dumme Idee kommt wie Avanti.«

»Super, danke«, sagte Tante Katja. »Dann mach ich mich mit dem Auto auf die Suche. Weit kann Avanti eigentlich nicht gekommen sein. Als ich Lissy von der Weide geholt habe, war er noch da. Das ist ungefähr eine Dreiviertelstunde her.«

Lottes Herz klopfte schneller, und ihre Kehle war wie zugeschnürt. Hoffentlich war Avanti nichts passiert! In der Zeitung standen manchmal so schlimme Sachen: von Verbrechern, die Pferde entführten und ins Ausland verschleppten. Oder vielleicht war Avanti gestürzt und hatte sich verletzt?

»Kann ich mitfahren?«, fragte sie.

Katja nickte. »Ja, klar.«

»Und ich?«, fragte Mareike. »Darf ich auch mit?«

»Warum nicht?«, sagte Tante Katja. »Aber nur, wenn deine Eltern nicht schon auf dich warten und dich vermissen.«

Mareike schüttelte den Kopf. »Keine Sorge, die werden mich erst in eineinhalb Stunden abholen.«

»Gut«, sagte Tante Katja. »Dann sollten wir keine Zeit mehr verlieren.«

Lotte warf Mareike einen dankbaren Blick zu. Sechs Augen sahen auf alle Fälle mehr als vier. Und zu dritt hatten sie eine gute Chance, Avanti zu finden.

Im Laufschritt rannten sie zurück zum Hof. Kaum waren Lotte und Mareike auf den Rücksitz geklettert und hatten sich angeschnallt, brauste Tante Katja auch schon los.

»Wo suchen wir denn zuerst?«, fragte Lotte.

»Beim Bauern nebenan«, sagte Tante Katja. »Der hat einen Bioladen und verkauft sein selbst angebautes Obst und Gemüse. Vielleicht hat Avanti ja den Duft in die Nase bekommen und ist einfach losgerannt.«

Mareike nickte. »Gute Idee.«

Lotte tastete nach Mareikes Hand. Die nahm sie und drückte sie. Das tat gut, obwohl Lottes Kehle immer noch wie zugeschnürt war.

Kurz darauf bremste Tante Katja und sprang aus dem Wagen. Lotte und Mareike liefen ihr hinterher, direkt hinein in den Bioladen. Der war rappelvoll, bis zur Tür drängten sich die Leute.

Tante Katja formte die Hände zu einem Trichter. »Hallo, Herr Lang!«

»Frau Herzog, was ist denn so dringend?«, fragte der Bauer.

Katja bahnte sich einen Weg durch die murrenden Kunden nach vorne zur Theke. »Ein Pony von mir ist ausgebüxt: Avanti, ein Rappe, Deutsches Reitpony. Haben Sie ihn zufällig gesehen?«

»Nein«, sagte der Bauer. »Aber fragen Sie am besten meine Frau, ich war die ganze Zeit hier im Laden.«

Mareike drehte sich zu den Kunden um. »Hat von Ihnen jemand ein Pony gesehen? Einen Rappen?«

Die Leute schüttelten die Köpfe. »Nein«, »Hab ich nicht«, murmelten ein paar.

»Trotzdem danke«, sagte Lotte.

Sie verließen den Laden und gingen zum Wohnhaus.

Frau Lang, eine mollige Bäuerin mit geblümter Schürze, machte auf. »Hallo, Frau Herzog! Sie sehen ja schrecklich aus. Ist was passiert?«

»Ja«, sagte Tante Katja. »Ein Rappe ist ausgebüxt. Vor etwa einer Dreiviertelstunde. Haben Sie ihn gesehen?«

»Nein«, antwortete Frau Lang. »Ich war vorher draußen und hab die Hühner gefüttert. Da hätte ich ihn bestimmt gesehen, wenn er hier vorbeigerannt wäre.«

Lotte stöhnte. Wieder nichts! Dabei hatte sie so gehofft, dass die Bäuerin Avanti dabei erwischt hatte, wie er einen Apfel klaute. Sie bedankten sich bei Frau Lang und stiegen wieder ins Auto.

»Und wohin jetzt?«, fragte Tante Katja, während sie den Zündschlüssel im Schloss herumdrehte.

Mareike zuckte ratlos mit den Schultern. »Ich weiß es nicht. Ich kenn mich hier leider noch nicht so gut aus.«

Lotte dachte scharf nach. »Wie wär's mit dem Gemeindehaus? Da gibt es doch auch einen großen Garten.«

»Sehr gut!«, sagte Tante Katja.

Das Gemeindehaus lag am anderen Ende des Ortes. Am Montag war der Parkplatz davor leer und das Gebäude verschlossen. Doch zum Glück war das Gartentor offen. Zu dritt stürmten sie in den Garten und sahen sich um. Doch außer einer schwarzen Katze und einem Eichhörnchen, das auf einer Kastanie von Ast zu Ast hüpfte, gab es kein größeres Tier weit und breit.

Stöhnend ließ sich Tante Katja auf eine Bank fallen. Die Katze kam zu ihr und strich um ihre Beine, doch Katja merkte es nicht mal. »Jetzt bleibt uns nichts anderes übrig: Wir müssen im Wald suchen. Aber da werden wir ewig brauchen, bei den vielen Forststraßen und Radwegen.«

Im Wald!, dachte Lotte. Da gibt es seit dem letzten Sturm im März viele umgestürzte Bäume. Hoffentlich hatte sich Avanti nicht verletzt!

»Wir könnten uns aufteilen, dann sind wir schneller«, schlug Mareike vor. »Lotte und ich fahren mit den Rädern.«

»Miau!«, machte es plötzlich, und eine getigerte Katze lief auf die schwarze Katze zu.

»Miau!«, grüßte die schwarze Katze zurück und rieb ihren Rücken an der getigerten. Die schnurrte, und dann zogen die beiden miteinander los.

Lotte starrte ihnen nach und merkte, wie es in ihrem Gehirn ratterte. An irgendetwas erinnerten sie die zwei Katzen, sie kam nur nicht darauf, woran.

»Das ist eine gute Idee, Mareike«, sagte Tante Katja. »Kommt, lasst uns sofort zurück zum Hof fahren.«

»Stopp!«, rief Lotte plötzlich. Mit einem Schlag war ihr eingefallen, woran die Katzen sie erinnerten. »Wir müssen erst zum *Tannhof* fahren.«

Tante Katja runzelte die Stirn. »Warum das denn? Der *Tannhof* ist doch viel zu weit weg. Wie kommst du denn darauf?«

»Wegen Zamira«, sagte Lotte. »Weißt du nicht mehr? Die zwei waren dauernd zusammen und haben sich total gut verstanden, genau wie die Katzen hier. Bestimmt vermisst Avanti seine Freundin.«

»Zamira …«, murmelte Tanta Katja. »Ach, du meinst die Fuchsstute?«

»Ja, genau«, sagte Lotte.

Mareikes Augen leuchteten auf. »Stimmt. Pferde sind sehr treue Freunde, manche Freundschaften halten sogar ein ganzes Leben lang. Das hab ich mal in einem Pferdebuch gelesen.«

Tante Katja nickte. »Ja, das könnte tatsächlich sein … Das würde alles erklären: seine Angst, die Unruhe. Oft hat er auch am Weidenzaun gestanden und sehnsüchtig nach Osten geschaut. Und der *Tannhof* liegt im Osten.«

»Worauf warten wir dann noch?«, fragte Lotte.

Tante Katja sprang auf und rief: »Los! Zurück zum Wagen.«

Diesmal fuhr sie die Strecke viel schneller als beim ersten Mal, und die Bäume und Häuser flogen nur so am Fenster vorbei. Endlich erreichten sie die Abzweigung in den Wald, und kurz darauf hielten sie auf dem *Tannhof*.

Dort kam ihnen gleich der Besitzer entgegen. Er war ganz aufgeregt. »Hallo! Ich hab schon versucht, Sie anzurufen, aber da war nur der Anrufbeantworter dran, und Ihre Handynummer hatte ich leider nicht.«

»Ist Avanti hier?«, fragte Lotte.

Herr Kehlmann sah sie verwundert an. »Ja, aber woher weißt du das?«

»Hurra!«, rief Lotte und fiel Mareike um den Hals. »Er ist hier, er ist hier, er ist hier!«

Mareike lachte. »Ja!«

Tante Katja erklärte inzwischen Herrn Kehlmann, wie Lotte auf die Idee gekommen war, dass Avanti ausgerechnet hierher gelaufen sein könnte.

»Alle Achtung«, sagte der Besitzer. »Du bist sehr schlau, Lotte. Es stimmt, Avanti ist sofort zu Zamira auf die Weide galoppiert. Na, dann kommt mal mit, ich habe die beiden in ein Paddock gebracht.«

Gespannt folgten sie ihm zu den Ställen. Und da waren sie: Avanti und Zamira. So dicht hatten sie ihre Köpfe und Körper aneinandergeschmiegt, dass nicht mal ein Blatt Papier dazwischengepasst hätte.

Lotte, Mareike und Tante Katja blieben ganz ruhig stehen und beobachteten die beiden Pferde. Jetzt knabberte Avanti gerade sanft an Zamiras Ohr, und die genoss es in vollen Zügen.

»Tante Katja«, sagte Lotte leise. »Wir können Avanti doch jetzt nicht schon wieder von Zamira trennen. Die beiden müssen unbedingt zusammenbleiben.«

»Stimmt«, sagte Tante Katja. »Das können wir wirklich nicht. Herr Kehlmann, ist Zamira noch zu haben?«

Der Besitzer grinste. »Natürlich, und weil Sie es sind, mache ich Ihnen einen besonders günstigen Preis.«

»Danke!«, rief Lotte und umarmte ihre Tante.

Und dann musste sie noch mal Mareike umarmen. Heute kam sie aus dem Umarmen gar nicht mehr heraus, aber diese Neuigkeit war einfach viel zu schön.

2. Die Pferdeflüsterin

Frühstück mit Pony

»Jetzt muss ich aber wirklich los, Mäxchen«, sagte Lotte. »Tante Katja und die anderen warten schon auf mich.«

Statt zu den übrigen Ponys auf der Weide zurückzugehen, drängte sich das Shetlandpony noch enger an Lotte. Es schien zu spüren, dass es am Frühstückstisch des Ponyhofs *Sonnenhang* noch viel leckerere Sachen gab als langweiliges Frühlingsgras.

Sanft, aber bestimmt versuchte Lotte, Mäxchen von sich wegzuschieben. Doch der rundliche Schecke entwickelte erstaunliche Kräfte und stemmte sich dagegen.

Lotte lachte. »Das ist nicht fair, ich weiß, dass du stärker bist als ich!«

Mäxchen sah sie mit seinen braunen Augen an. Hätte er sprechen können, hätte er jetzt bestimmt »Bitte, bitte!« gesagt.

Lotte gab sich geschlagen. »Na gut, du darfst mitkommen, aber nur das eine Mal, hörst du?«

Mäxchen schnaubte vergnügt und ließ sich bereitwillig das Halfter überstreifen. Lotte befestigte den Strick daran und führte Mäxchen zum Gatter. Sofort trabten die anderen Ponys an und wollten auch mitkommen. Avanti, der lebhafte Rappe, war wieder mal ganz vorne dabei, dicht gefolgt von seiner Freundin, der Fuchsstute Zamira.

»Nein!«, sagte Lotte bestimmt. »Ihr bleibt schön hier.«

Avanti hörte nicht auf sie und knabberte an ihrem T-Shirt, um sie umzustimmen.

»Nein!«, sagte Lotte noch mal. »Das gilt auch für dich, Avanti. Du musst schon hier auf der Weide weiter herumtoben.«

Das Deutsche Reitpony schnaubte enttäuscht, aber Lotte musste hart bleiben – obwohl sie Avanti am liebsten von allen Ponys hatte. Schnell machte sie das Gatter wieder zu und ließ die Herde hinter sich zurück. Neun Ponys und ein Pferd beim Frühstück wären wirklich zu viel gewesen.

Als Lotte mit Mäxchen auf den Hof ihrer Tante zulief, entdeckte sie in einem Ahornbaum einen schlaffen roten Luftballon. Der war vom Eröffnungsfest des Ponyhofs übrig geblieben. Lotte konnte es kaum glauben: Vier Wochen war das erst her! Kein Wunder, denn seitdem war ja auch so viel passiert. Beim Fest hatte Lotte Mareike kennengelernt und sich mit ihr angefreundet. Jetzt trafen sie sich fast jeden Tag auf dem Ponyhof. Inzwischen waren sie richtige Profis, wenn es darum ging, auszumisten, die Ponys zu füttern, zu striegeln, aufzuzäumen und zu satteln. Auch drei Longenstunden hatten sie schon gehabt. Nur reiten konnten sie immer noch nicht, aber das würde sich heute ändern. Heute hatten sie nämlich ihre erste gemeinsame Reitstunde in der Abteilung bei Tante Katja! Lotte konnte es kaum noch erwarten.

»Wo bleibst du denn, Lotte?«, rief Tante Katja von Weitem.

»Bin gleich da!«, sagte Lotte, ging um den Stall herum und bog um die Ecke des Wohnhauses, das mit seinen leicht schie-

fen Mauern und dem Fachwerkgiebel ein bisschen wie ein Hexenhäuschen aussah.

Vor der Haustür stand ein langer Tisch, der mit bunten Tel-
lern und Tassen gedeckt war. Es duftete nach frischem Kaffee
und Brötchen. Rund um den Tisch saßen Lottes Eltern, ihr
kleiner Bruder Philipp und Mareike und starrten ihr mit offenen Mündern entgegen.

»Wen bringst du denn da mit?«, fragte Mama.

Typisch Lehrerin!, dachte Lotte. Die stellen immer solche
überflüssigen Fragen.

»Das ist Mäxchen«, erklärte sie, »eins von Tante Katjas Shetlandponys.«

Mama schluckte. »Das seh ich, aber …«

Philipp rief: »Ein Pony zum Frühstück!«

Papa musste lachen und holte seine Digitalkamera aus der
Tasche. Die hatte er sich vor Kurzem gekauft, um in seinen
Schauspiel-Workshops Fotos von seinen Kursteilnehmern ma-
chen zu können.

»Also, das geht aber wirklich nicht«, sagte Tante Katja. »Ponys
haben am Tisch nichts zu suchen.«

Während Papa den Wallach knipste, strich Lotte ihm sanft
über den Kopf. »Das hab ich Mäxchen auch gesagt, aber er
wollte unbedingt mit. Ich konnte nichts dagegen tun.«

»Ach«, sagte Tante Katja, »du konntest also nichts dagegen
tun …«

Lotte lächelte ihre Tante strahlend an. »Bitte, darf er ausnahmsweise hierbleiben? Nur heute?«

Tante Katja seufzte. »Na gut, aber binde ihn wenigstens an einen Baum an, damit er den Frühstückstisch nicht abräumt.«

In dem Moment machte Mäxchen einen langen Hals und schnupperte interessiert am Brotkorb.

Schnell sprang Mareike auf. »Ich helf dir.«

»Zu spät!«, rief Philipp.

Das Shetlandpony hatte bereits ein Brötchen erwischt und ließ es schmatzend in seinem Maul verschwinden.

Nur mit vereinten Kräften schafften Lotte und Mareike es, Mäxchen vom Frühstückstisch wegzuschieben und am dicken Stamm einer Buche, die in sicherer Entfernung stand, anzubinden. Empört wieherte er.

»Sei bloß ruhig, Mäxchen!«, schimpfte Lotte. »Sonst bringe ich dich gleich wieder zurück auf die Weide.«

Das wirkte. Mäxchen gab keinen Laut mehr von sich und knabberte an ein paar Grashalmen am Boden. Jetzt tat er auf einmal so, als ob er das unschuldigste Pony auf der ganzen Welt sei. Lotte warf ihm noch einen strengen Blick zu, dann ging sie mit Mareike zurück zu den anderen und ließ sich auf den freien Platz neben Papa fallen.

»Hab ich einen Hunger!«, rief sie und angelte sich ein Croissant aus dem Brotkorb.

»Ich auch«, sagte Philipp, der sich in der Zwischenzeit, als keiner ihn beobachtet hatte, das T-Shirt mit Erdbeermarmelade bekleckert hatte.

Mama stöhnte. »Ach, Philipp, pass doch ein bisschen auf.«

»Ritter passen auch nicht auf«, erklärte Philipp. »Die hauen beim Essen total rein und werfen die Gläser und Knochen auf den Boden.« Zurzeit war er wieder verrückt nach Rittern, nachdem er davor dauernd Zirkus gespielt hatte.

»Deshalb musst du es doch nicht genauso machen«, sagte Mama.

Während Philipp sich mit ihr auf eine längere Diskussion über Ritter einließ, stupste Papa Lotte an. »Na, bist du schon aufgeregt wegen deiner ersten Reitstunde?«

»Und wie«, sagte Lotte und griff nach einem Vollkornbrötchen, um es mit einer dicken Schicht Nutella zu bestreichen. Immer wenn sie aufgeregt war, bekam sie einen Riesenhunger. Sie biss gerade genüsslich in ihr Brötchen, als ihr Blick auf Mareike fiel. Ihre Freundin saß vor einer Schale Müsli, ohne sie anzurühren.

»Hast du keinen Hunger?«, fragte Lotte verwundert.

Mareike schüttelte den Kopf. Erst jetzt merkte Lotte, dass sie ziemlich blass um die Nase war. Genau so hatte sie damals beim

Fest ausgesehen, als sie sich nicht getraut hatte, die Ponys zu füttern. Wahrscheinlich hatte sie auch jetzt ein bisschen Angst vor der ersten Reitstunde.

»Du, das wird bestimmt total schön«, sagte Lotte. »Tante Katja ist die beste Reitlehrerin auf der ganzen Welt.«

»Nun übertreib mal nicht«, sagte Tante Katja, lächelte aber trotzdem geschmeichelt.

»Ich übertreibe nicht«, sagte Lotte, und das stimmte.

Tante Katja war als Kind auf einem Sportinternat mit ganz vielen Pferden gewesen und hatte schon sehr früh reiten gelernt. Später dann, auf ihren vielen Abenteuerreisen, war sie so oft wie möglich geritten und hatte immer wieder mit Pferden gearbeitet. Bis sie vor zwei Monaten beschlossen hatte, mit dem Reisen aufzuhören und einen Ponyhof zu eröffnen. Die beste Idee ihres Lebens, fand Lotte.

»Toll«, sagte Mareike, sah aber immer noch nervös aus.

Da lächelte Tante Katja ihr aufmunternd zu. »Am besten nimmst du Coco, das ist mein bravstes New-Forest-Pony. Die Schimmelstute ist lammfromm und hat noch nie einen Reitschüler abgeworfen.«

Mareike nickte erleichtert. »Alles klar.«

»Und welches Pony bekomme ich?«, fragte Lotte.

Insgeheim hoffte sie, Tante Katja würde ihr Avanti geben, obwohl sie wusste, dass das ungefähr so wahrscheinlich war wie Schnee im August. Schon als Katja Avanti gekauft hatte, hatte sie gleich betont, dass nur erfahrene Reiter mit dem temperamentvollen Wallach zurechtkommen würden.

72

»Wie wär's mit Pirat?«, fragte Tante Katja und zwinkerte ihrer Nichte zu. »Der Rappe ist fast so frech wie du.«

Lotte tat gespielt empört. »Was soll das denn heißen?«

»Nichts«, sagte Tante Katja. »Ich hab nur Spaß gemacht. Pirat ist nämlich viel zahmer, als man es bei seinem Namen vermuten könnte. Einen ganz kleinen Dickkopf hat er allerdings schon.«

»Piraten!«, rief Philipp und fuchtelte mit seinem Schwert. »Wo sind Piraten? Kommt raus und zeigt euch, ihr Feiglinge!«

Da musste Mareike lachen, und alle anderen auch. Gut gelaunt aßen sie weiter, und Lotte vergaß schnell ihre Enttäuschung wegen Avanti.

Als sie satt war und sich wohlig in ihrem Stuhl zurücklehnte, kam Hannes um die Ecke. Tante Katja hatte ihn als Reitlehrer engagiert, weil sie die vielen Schüler nicht alle selber unterrichten konnte.

»Ich will ja nicht drängeln, aber die Reitstunde für die Anfänger sollte eigentlich in zehn Minuten anfangen.«

Tante Katja warf einen Blick auf ihre Armbanduhr. »Stimmt. Ich hab die Zeit völlig vergessen. Jetzt aber schnell! Lotte, Mareike, geht mit Hannes mit. Er wird euch beim Putzen und Satteln helfen. Ich kümmere mich inzwischen um Mäxchen und bringe ihn auf die Weide zurück. Dann kann ich gleich Rosario zu einer kleinen Dressurstunde abholen.«

»Super!«, sagte Lotte und sprang auf. »Komm, Mareike!«

Die erste Reitstunde

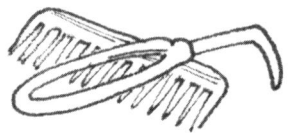

Zögernd folgte ihr die Freundin hinüber zum Putzplatz. Dort waren schon zwei Mädchen und ein Junge, die ihre Ponys an der Stange angebunden hatten und eifrig striegelten. Lotte und Mareike beeilten sich und holten schnell Coco und Pirat von der Weide. Auf dem Rückweg trafen sie Tante Katja mit Mäxchen, der am liebsten sofort mit Coco und Pirat mitgegangen wäre.

»Nichts da!«, sagte Tante Katja. »Du bist erst in einer Stunde dran, wenn die kleinen Kinder kommen.«

Lotte und Mareike schlängelten sich an Mäxchen vorbei und liefen zum Putzplatz. Dort waren die anderen gerade fertig und schon auf dem Weg zum Außenplatz.

»Hier!«, sagte Hannes. »Ich hab für euch die Putzkästen und Zaumzeug und Sättel geholt, damit es schneller geht.«

Sofort machten sich Lotte und Mareike an die Arbeit. Pirat hatte ganz schön viel Schmutz und kleine Steinchen im Fell.

Bestimmt hatte er sich ausgiebig auf dem Boden gewälzt. Lotte musste ihn kräftig mit dem Gummistriegel bearbeiten, bevor sie mit der Kardätsche nachbürsten konnte. Jetzt noch mit der Wurzelbürste Schweif und Mähne bürsten und danach die Hufe auskratzen.

Mareike hatte Coco inzwischen fertig aufgezäumt und gesattelt und half Lotte beim Satteln von Pirat.

Hannes überprüfte kurz, ob sie alles richtig gemacht hatten, dann nickte er. »Sehr gut. Also dann, viel Spaß!«

Lotte und Mareike liefen mit ihren Ponys nebeneinanderher zum Außenplatz. Plötzlich merkte Lotte, wie ihre Knie weich wurden und ihr Herz anfing zu flattern.

»Du, jetzt hab ich auch Schiss!«, sagte sie zu Mareike.

»Das beruhigt mich ja«, sagte ihre Freundin. »Es wird schon schiefgehen, schließlich sind wir zu zweit, da können wir uns gleich doppelt blamieren.«

Lotte grinste, und schon wurde es ihr wieder leichter ums Herz.

Auf dem Außenplatz hatten sich die anderen Schüler in der

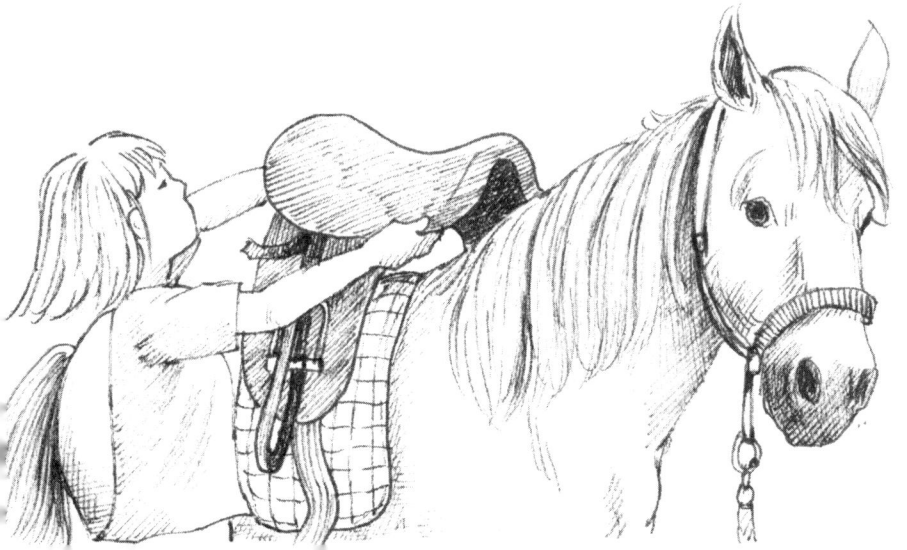

Mitte der Bahn neben ihren Ponys aufgestellt. Tante Katja stand links daneben – ihr Kleid hatte sie gegen Reithosen und schwarze Stiefel eingetauscht – und sah ihnen erwartungsvoll entgegen.

»Hallo, ihr zwei! Schön, dass ihr da seid, dann sind wir ja komplett. Erst mal herzlich willkommen! Heute ist ein großer Augenblick. Nach den Longenstunden habt ihr nun eure erste richtige Reitstunde in der Abteilung. Keine Angst, ich beiße nicht, und die Ponys auch nicht!«

Alle lachten, und Lotte fühlte sich sofort wohl in der Gruppe, obwohl sie die anderen noch nicht kannte.

»Nachdem ihr den Sattelgurt noch mal festgezogen habt, werden wir das Aufsitzen üben«, fing Tante Katja an. »Stellt euch bitte auf die linke Seite eures Ponys, mit dem Rücken zum Pferdekopf, und legt die Zügel auf den Hals. Dreht die Steigbügel zu euch her und fasst mit der linken Hand in den Sattelbogen. Jetzt schiebt ihr den linken Fuß in den Steigbügel, greift mit der rechten Hand hinten an den Sattel, stoßt euch kräftig ab und zieht euch mit beiden Armen hoch. Dann lehnt ihr den Oberkörper vor und schwingt euer rechtes Bein über den Sattel.«

Die Erklärungen klangen ganz schön kompliziert, aber zum Glück wiederholte Tante Katja die Anweisungen mehrmals. Lotte hörte genau zu und nahm extra viel Schwung – ein bisschen zu viel Schwung, denn kaum war sie oben, rutschte sie auf der anderen Seite wieder hinunter. Verdutzt landete sie auf dem Po, und Pirat drehte amüsiert den Kopf zu ihr herum.

»Alles okay?«, fragte Mareike, die bereits sicher im Sattel saß.

»Klar«, sagte Lotte und rappelte sich hoch.

Dann versuchte sie es ein zweites Mal. Doch in dem Moment, wo sie den linken Fuß in den Steigbügel schieben wollte, wich Pirat ein kleines Stückchen zur Seite aus. Lottes Fuß traf ins Leere, sie schwankte und fiel wieder hin. Lotte seufzte und stand auf.

Tante Katja kam zu ihr herüber. »Das ist aber nicht nett von dir, Pirat«, sagte sie.

Der Rappe tat so, als sei nichts gewesen. Offenbar steckte doch ein kleiner Seeräuber unter seinem schwarzen Fell.

»So, jetzt bleibst du schön stehen«, sagte Tante Katja und hielt Pirat an der Trense fest.

Lotte versuchte es ein drittes Mal, und diesmal ging alles glatt. Endlich saß sie oben, sicher und ohne zu schwanken.

»Sehr gut«, lobte Tante Katja. Dann ging sie zurück zu den anderen. Auch eins der anderen Mädchen hatte Probleme beim Aufsitzen.

Schließlich saßen alle glücklich im Sattel.

»Als Erstes müsst ihr richtig sitzen lernen«, erklärte Tante Katja. »Denn nur wenn ihr richtig auf dem Pony sitzt, versteht es auch eure Hilfen. Richtet den Oberkörper gerade auf, und setzt euch in den tiefsten Punkt des Sattels. Macht die Beine lang, und klemmt nicht die Knie gegen den Sattel, bleibt ganz …«

Tante Katja redete weiter und weiter, und Lotte stöhnte innerlich. Nie im Leben hätte sie gedacht, dass richtig im Sattel sitzen so schwierig sein könnte. Während die Tante von einem zum anderen ging und den richtigen Sitz kontrollierte, warf Lotte Mareike einen kurzen Blick zu.

Ihre Freundin verdrehte auch schon die Augen. »Hoffentlich dürfen wir heute überhaupt noch reiten«, flüsterte sie Lotte zu.

Lotte kicherte.

»Was ist denn?«, fragte Tante Katja, die Ohren wie ein Luchs hatte.

»Äh … nichts«, behauptete Lotte.

Tante Katja grinste. »Aha …« Und dann, als sie endlich mit jedem zufrieden war, durfte die Gruppe anreiten.

»Spannt das Kreuz an, und gebt mit beiden Schenkeln gleichzeitig Druck«, sagte Tante Katja. »Und gebt beide Zügel nach.«

Mareike ritt als Erste an. Bei ihr sah alles ganz leicht aus.

»Sehr gut!«, lobte Tante Katja. »Du machst es genau richtig.«

Dann bekomme ich das garantiert auch hin, dachte Lotte. Sie machte alles genau so, wie ihre Tante es gesagt hatte. Sofort spitzte Pirat die Ohren und lief los. Aber statt brav hinter Coco herzugehen, scherte er aus und drehte eine Extrarunde, als wollte er allen zeigen: Ich bin schneller als ihr!

»Stopp!«, rief Lotte und zerrte an den Zügeln.

»Zieh nicht so an den Zügeln!«, mahnte Tante Katja. »Damit tust du ihm weh. Keine Panik! Nimm ruhig beide Zügel gleichzeitig an, und geh mit den Absätzen nach unten.«

Zügel, Absätze? Lotte schwirrte der Kopf. Sie wollte einfach nur, dass Pirat stehen blieb, und klammerte sich eng an ihn. Doch Pirat wurde nicht langsamer, im Gegenteil: Jetzt fing er auch noch an zu traben. Lotte wurde kräftig durchgeschüttelt und rutschte von einer Pobacke auf die andere. Nur mit Mühe und Not schaffte sie es, sich im Sattel zu halten.

»Nicht die Absätze hochziehen!«, rief Tante Katja, »nimm sie runter!«

Plötzlich verstand Lotte, was ihre Tante meinte. Sie ließ locker und ging mit den Absätzen nach unten. Gleichzeitig nahm sie beide Zügel an, ohne daran zu zerren. Endlich wurde Pirat langsamer und blieb schließlich stehen.

»Alles okay?«, fragte Mareike besorgt.

Auch die anderen machten erschrockene Gesichter, und Tante Katja lief zu ihr hin.

Nachdem Lotte den kleinen Schreck verdaut hatte, musste sie plötzlich lachen. »Ja, klar, alles okay.«

»Na«, meinte Tante Katja, »da hat dir Pirat ja gleich am ersten Tag seinen Dickkopf gezeigt. Bei ihm muss man die Hilfen ganz genau einsetzen, sonst denkt er, er ist der Boss. Möchtest du eine kurze Pause machen und dich ein bisschen erholen?«

Lotte schüttelte den Kopf, wobei ihr Pferdeschwanz hin- und herwippte. »Nein. Jetzt geht's doch erst richtig los!«

Der Unfall

»Am liebsten würde ich jeden Tag reiten!«, sagte Mareike zwei Wochen später auf dem Putzplatz.

Lotte und sie waren dabei, ihre Ponys zu putzen. Gleich würde ihre dritte Reitstunde in der Abteilung anfangen. Nach der ersten Reitstunde, die Mareike ihrer Freundin geschenkt hatte, hatten Lottes Eltern zum Glück versprochen, ihr alle weiteren Stunden zu bezahlen.

Lotte streifte die Kardätsche am Metallstriegel ab und grinste. »Du bist ja echt witzig. Wie war das noch gleich am Anfang? Ich glaube, du hast dich nicht gerade darum gerissen, überhaupt auf ein Pony zu steigen.«

»Stimmt«, gab Mareike zu. »Ich hatte einfach Schiss. Wenn ich vorher gewusst hätte, dass es so toll ist, hätte ich mir die ganzen Sorgen echt sparen können.«

»Du bist aber auch ein Naturtalent«, sagte Lotte. »Kannst du mir verraten, wie du das anstellst, alles richtig zu machen? Tante Katja lobt dich die ganze Zeit, und an mir kritisiert sie ständig herum.«

Mareike wurde ein bisschen rot. »Keine Ahnung. Ich mag Coco, und wahrscheinlich mag Coco mich auch ein bisschen. Wenn ich in ihrem Sattel sitze, fühle ich mich einfach total wohl …, wie … zu Hause.«

Lotte nickte. Ihr ging es ähnlich. Seit sie mit den Ponys arbeitete und mit dem Reiten angefangen hatte, war der Ponyhof *Sonnenhang* ihr zweites Zuhause geworden. Sie konnte sich gar nicht mehr vorstellen, wie ihr Leben ohne die Ponys gewesen war. Auf alle Fälle ziemlich öde und langweilig im Vergleich zu jetzt!

»Aber du reitest doch auch schon super«, sagte Mareike. »Pirat ist viel schwieriger als Coco. Ich bewundere dich echt, wie du mit ihm klarkommst.«

Lotte klopfte Pirat auf den Rücken, den sie inzwischen fertig gestriegelt hatte. »Tja, das bleibt unser Geheimnis, was?«

Pirat drehte den Kopf zu ihr herum und fuhr ihr blitzschnell mit seiner rauen Zunge übers Gesicht.

»Iiieeh, lass das!«, protestierte Lotte.

Mareike kicherte. »Ach, so ist das bei euch, ihr seid verliebt!«

»Hör bloß auf!«, rief Lotte, drohte ihrer Freundin mit der Kardätsche und lachte, »sonst …«

»Ich hör ja schon auf«, sagte Mareike.

Da kam Tobi vorbei, der nette Pferdepfleger. Immer wenn Lotte ihn brauchte, war er da und erklärte ihr alles, was sie wissen wollte.

»Bei euch geht's ja lustig zu«, sagte er. »Nur ein kleiner Tipp: Ich glaube, deine Tante ist schon ziemlich sauer, Lotte, weil ihr zu spät dran seid.«

»Schon wieder?«, rief Lotte und warf einen Blick auf ihre Armbanduhr. »Mist! Die Zeit vergeht aber auch immer so schnell.«

Tobi grinste und verschwand im Stall.

Rasch warf Lotte die Kardätsche zurück in den Putzkasten und holte die Wurzelbürste heraus, um Pirats Schweif zu bürsten. »So, dann wollen wir mal!«

Sie hielt die Haare am Ansatz fest, damit es nicht ziepte. Dann bearbeitete sie so schnell wie möglich den Schweif. Leider war der ganz schön verfilzt. Warum musste sich ihr Pony beim Spielen auch immer auf dem Boden wälzen?

Das Ausbürsten konnte Pirat heute gar nicht leiden. Nervös tänzelte er hin und her.

»Ruhig, Pirat, ganz ruhig!«, sagte Lotte zu ihm.

Aber das New-Forest-Pony tänzelte weiter und scharrte mit den Hufen.

»Ich bin doch gleich fertig«, sagte Lotte.

»Soll ich dir helfen?«, fragte Mareike.

Lotte schüttelte den Kopf. »Nein, das schaff ich schon alleine.«

Manchmal fand sie es wirklich doof, dass man mit Ponys nicht reden konnte. Sonst hätte sie Pirat jetzt klargemacht, dass er sich nicht so anstellen sollte, weil er dadurch genau das Gegenteil von dem erreichte, was er wollte: nämlich dass die lästige Prozedur endlich vorbei war.

»Komm, Pirat!«, sagte sie. »Mach es mir nicht so schwer.«

Jetzt legte der Wallach auch noch die Ohren nach hinten und warf den Kopf zurück. Vergeblich versuchte Lotte ihn zu beruhigen. Pirat wieherte laut. Und dann ging auf einmal alles ganz schnell.

»Pass auf, Lotte, er schlägt aus!«, hörte sie Mareike noch rufen, da sah sie auch schon einen Schatten mit ungeheurer Geschwindigkeit auf sich zuschnellen, und dann spürte sie einen heftigen Schmerz an der rechten Schulter.

»Aaaah!«, schrie sie auf.

Vor ihren Augen wurde es schwarz, und ihre Beine gaben nach. Beinahe wäre sie umgekippt, doch im letzten Moment spürte sie eine Hand, die sie aufrecht hielt. Dann legte jemand den Arm um sie und führte sie weg von Pirat, der immer noch wieherte und mit den Hufen scharrte.

»Hier ist eine Bank«, sagte eine tiefe Stimme. »Hier kannst du dich hinsetzen.«

Erst nach einer Weile erkannte Lotte, dass es Tobis Stimme war. Langsam öffnete sie die Augen und blinzelte. »Was ist …? Au!« Als sie sich bewegte, zuckte wieder der Schmerz in ihrer Schulter.

»Ganz ruhig, Lotte!«, sagte der Pferdepfleger.

Neben ihm stand Mareike und starrte ihre Freundin mit weit aufgerissenen Augen an.

»Was ist passiert?«, fragte Lotte.

»Pirat hat mit dem linken Huf ausgeschlagen und dich an der Schulter getroffen«, erklärte Mareike, der jetzt Tränen in die Augen stiegen. »Ich konnte nichts tun, es ging alles so schnell und …«

»Mach dir keinen Kopf deswegen«, sagte Tobi, »dich trifft keine Schuld.« Dann beugte er sich über Lotte. »Tut es sehr weh?«

Lotte biss die Zähne zusammen. »Geht schon …«

»Beweg dich nicht«, sagte Tobi. »Bleib sitzen, ja? Versprochen? Ich geh und hol sofort deine Tante.«

Lotte nickte. Im Moment hatte sie sowieso keine Lust, sich groß zu bewegen, geschweige denn aufzustehen. Auch ohne Bewegung tat ihre Schulter tierisch weh.

Der Pferdepfleger rannte zum Außenplatz hinüber.

Als er um die Ecke verschwunden war, setzte sich Mareike neben Lotte. »Es tut mir so leid, ich hätte dir so gerne geholfen, aber ich war einfach viel zu langsam.«

»Quatsch«, sagte Lotte.

Mareike redete weiter auf sie ein, aber Lotte konnte ihr nicht richtig zuhören. In ihrem Kopf drehte sich alles, und ihr war schwindelig.

Dann hörte sie schnelle Schritte, und Tobi kam mit Tante Katja zurück.

»Hey!«, rief Katja. »Was hat Tobi da erzählt, was ist passiert?«

Lotte versuchte zu lächeln, aber es kam nur ein schiefes Grinsen heraus. »Pirat hat ausgeschlagen, und ich war leider im Weg.«

»Du Arme!«, sagte Tante Katja. »Lass mal sehen. Er hat dich an der Schulter getroffen? Zeig mir bitte, wo genau.«

Lotte deutete mit der linken Hand auf die Stelle, an der es besonders schmerzte.

»Ich werde dich jetzt ganz vorsichtig berühren, okay?«, sagte Tante Katja. »Nur um zu sehen, was es sein könnte.«

Lotte nickte und versuchte, tapfer zu sein. Doch als die Tante ihre Schulter abtastete, stöhnte sie trotzdem leise, weil es so wehtat.

»Schon vorbei«, sagte Tante Katja. »Du hast Glück. Gebrochen ist schon mal nichts. Aber ich werde gleich meinen Hausarzt anrufen, damit er dich genauer untersucht.«

»Muss das sein?«, fragte Lotte.

Tante Katja setzte ihren strengen Blick auf. »Ja, das muss sein. Bleib schön sitzen, ja? Ich geh nur schnell ins Haus zum Telefon.«

»Klar«, sagte Lotte. Warum dachten plötzlich alle, sie würde wegrennen wie ein Pony auf der Flucht? Seufzend lehnte sie sich zurück.

»Kann ich dir irgendwas bringen?«, fragte Mareike. »Ein Glas Wasser?«

»Ja, danke«, sagte Lotte.

Sofort flitzte Mareike davon.

Tobi nahm ihren freien Platz ein und setzte sich. »Das wird schon wieder«, sagte er. »Mich hat auch mal ein Pferd getroffen, im Gesicht. Hat total wehgetan, und ich hab einen riesigen blauen Fleck bekommen, aber nach anderthalb Wochen war alles wieder weg.«

»Meinst du?«, fragte Lotte.

Tobi nickte. »Ja, ganz bestimmt. Mach dir keine Sorgen.«

Da kam Mareike mit einem Glas Wasser zurück, und Tobi stand auf. Dankbar nahm Lotte es und trank es in einem Zug aus. Langsam ging es ihr wieder etwas besser. Auch die Schulter tat nicht mehr so schlimm weh wie am Anfang.

Kurz darauf knatterte ein Motorrad auf den Hof, und der Arzt, ein junger Mann mit Schnurrbart, lief mit dem Helm in der einen Hand und einem schwarzen Koffer in der anderen auf sie zu. Tante Katja folgte ihm dicht auf den Fersen.

»Hallo, Lotte, ich heiße Thomas, wie geht es dir?«, fragte der Arzt.

»Schon besser«, sagte Lotte.

Der Arzt lächelte. »Na, das klingt doch vielversprechend.« Er kniete sich vor Lotte hin und betastete vorsichtig ihre Schulter. Er machte es so geschickt, dass es kaum wehtat.

»Hmm«, murmelte er und tastete weiter. »Darf ich den Ärmel von deinem T-Shirt ein bisschen hochziehen?«

»Klar«, sagte Lotte.

Der Arzt zog das T-Shirt hoch und sah sich die Haut auf der Schulter an. Dann stand er wieder auf. »Du hast wirklich Glück gehabt, Lotte. Nichts gebrochen, nicht mal was geprellt. Das Einzige, was du bekommen wirst, ist ein großer blauer Fleck.«

»Siehst du?«, sagte Tobi. »Ich hab's doch gleich gewusst.« Und Mareike lächelte endlich wieder.

Lotte rollte ihren Ärmel hinunter. »Wirklich?«, fragte sie.

»Ja, wirklich«, sagte der Arzt. »Du kannst dich ganz normal

bewegen, aber mach am Anfang lieber langsam. Das war ein ganz schöner Schock für dich. Lass es ruhig angehen, und überstürze nichts.«

Lotte nickte. »Mach ich.«

Der Arzt schüttelte ihr die Hand. »Gute Besserung! Und falls etwas ist, deine Tante weiß, wo sie mich erreichen kann.«

»Danke, Thomas!«, sagte Tante Katja. »Toll, dass du so schnell gekommen bist.«

»Keine Ursache«, sagte der Arzt. »Ich war sowieso gerade in der Nähe. Also dann, tschüss!« Damit setzte er seinen Motorradhelm auf und brauste davon.

Als er weg war, verabschiedete sich auch Tobi, der weiterarbeiten musste. Natürlich nicht, ohne Lotte vorher mehrfach gute Besserung zu wünschen.

Tante Katja setzte sich zu Lotte auf die Bank und wischte sich mit der Hand über die Stirn. »Du hast mir vielleicht einen Schrecken eingejagt! Ich bin so froh, dass dir nichts passiert ist.«

»Ich bin auch froh«, murmelte Lotte. Dann fiel ihr plötzlich etwas ein.

»Bin ich schuld? Ich war so ungeduldig mit Pirat. Ich wollte ganz schnell fertig werden mit dem Schweifbürsten und … Ich bin schuld, oder?«

»So ein Blödsinn«, sagte Tante Katja. »Du kannst nichts dafür. Pirat war schon heute Morgen ziemlich unruhig. Er hat heute anscheinend einen schlechten Tag. Manchmal sind Pferde einfach unberechenbar.«

»Hmm …«, sagte Lotte.

Trotzdem hatte sie immer noch ein schlechtes Gewissen. Wenn sie nicht so ungeduldig gewesen wäre, wäre Pirat vielleicht nicht noch unruhiger geworden. Und wenn sie nicht mit ihm geschimpft hätte, hätte er auch nicht ausgeschlagen. Wenn, wenn … Das nützte ihr jetzt auch nichts mehr. Sosehr sie es sich auch wünschte, sie konnte das Ganze nicht rückgängig machen.

»Soll ich dich nach Hause fahren?«, schlug Tante Katja vor. »Du bist doch sicher müde, oder?«

In dem Moment musste Lotte gähnen. Sie war auf einmal wirklich müde und fühlte sich, als hätte sie zehn Stunden Schule ohne Pause hinter sich.

»Das heißt eindeutig Ja«, sagte Tante Katja. »Dann wollen wir mal.« Sie streckte ihrer Nichte den Arm hin, um sie beim Aufstehen zu stützen.

Im ersten Moment wurde Lotte wieder schwindelig, doch ihre Beine funktionierten zum Glück gut.

»Kann ich mitkommen?«, fragte Mareike, die die ganze Zeit gewartet und ihre Freundin nicht aus den Augen gelassen hatte.

»Klar«, sagte Lotte und lächelte. »Ohne dich fahr ich gar nicht erst los.«

Trost bei Avanti

Schon seit einer halben Stunde nieselte es ununterbrochen. Die Katzen und Hühner hatten sich ein trockenes Plätzchen unter dem Dachvorsprung gesucht. Doch Lotte spürte den kühlen Mairegen nicht. Sie lag mit ihrem Kaninchen Schnuffel auf dem Schoß im Garten in der Hängematte und streichelte es mechanisch, während ihre Gedanken davongaloppierten.

Eine Woche war die Sache mit Pirat jetzt her, doch Lotte kam es vor, als wäre es gerade eben passiert. Sobald sie die Augen zumachte, sah sie Pirats Huf wieder auf sich zuschnellen. Abends, wenn sie im Bett lag, war es am schlimmsten. Dann traf Pirat sie nicht nur einmal, sondern zwei-, dreimal, und sie konnte sich nicht bewegen und nicht wegrennen, sosehr sie es auch versuchte. Ihre Füße waren wie festgewachsen.

Da klingelte plötzlich ihr Handy. Schnuffel zuckte zusammen und sprang von ihrem Schoß. Während er in Richtung Gemüsegarten hoppelte, holte Lotte ihr Handy aus der Hosentasche.

»Hallo?«, murmelte sie.

»Ich bin's, Mareike. Wo bleibst du denn?«

Im ersten Moment verstand Lotte nicht, wovon ihre Freundin redete, aber als sie im Hintergrund Ponys wiehern hörte, fiel es ihr sofort wieder ein.

»Hast du's vergessen?«, fragte Mareike. »Wir haben doch heute Reitstunde.«

»Nein, hab ich nicht«, sagte Lotte.

»Und warum bist du dann nicht hier?«, hakte Mareike nach.

»Ich komm nicht«, sagte Lotte. »Hab keine Lust.«

Mareike schwieg ein paar Sekunden. »Was?«, rief sie dann. »Du hast keine Lust? Was soll das heißen?«

»Dass ich keine Lust hab«, wiederholte Lotte.

»Ach so«, sagte Mareike. »Es ist wegen Pirat, stimmt's? Aber du musst doch nicht auf ihm reiten. Ich geb dir Coco, die ist total lieb, das weißt du ja, und …«

»Hör auf!«, sagte Lotte. »Ich komm nicht. Ich will nicht reiten, weder auf Pirat noch auf Coco.«

Mareike schwieg wieder eine Weile. »Verstehe. Schade! Ich werd dich vermissen, aber nächste Woche bist du ja bestimmt wieder dabei. Jetzt muss ich leider los. Ich ruf später noch mal an, okay?«

»Okay«, sagte Lotte und legte auf.

Nächste Woche …, dachte sie, während sie über die blau angelaufene Stelle an der rechten Schulter strich, die manchmal noch ein bisschen wehtat.

Sie hatte Mareike nicht widersprochen, aber sie wusste heute schon, dass sie auch nächste Woche nicht zur Reitstunde kommen würde. Nie mehr würde sie freiwillig auf ein Pony steigen, nie, nie mehr! Allein wenn sie daran dachte, wurde ihr schon schlecht. Nein, nicht mal auf Avanti würde sie reiten!

»Lotte!«, rief Mama plötzlich. »Hallo, hörst du mich?«

Was war denn jetzt wieder? Konnte sie nicht mal in Ruhe in der Hängematte liegen, ohne dauernd gestört zu werden?

Lotte sah zum Bauernhaus hinüber, das ihre Eltern selber renoviert hatten, bevor sie vor einem halben Jahr dort eingezogen waren. Mama hatte das Küchenfenster aufgemacht und den blau-weiß karierten Vorhang zurückgezogen. Mit beiden Händen winkte sie ihrer Tochter zu.

»Was machst du denn da draußen? Du erkältest dich noch bei dem Wetter. Komm jetzt bitte rein!«

»Ja, gleich«, sagte Lotte.

Mama schüttelte besorgt den Kopf. »Beeil dich! Du bist ja schon ganz nass. Übrigens – gleich gibt es heißen Kakao und Nusszopf.«

Normalerweise wäre Lotte beim Wort »Nusszopf« sofort aufgesprungen, aber heute hatte sie überhaupt keine Lust auf ihren Lieblingskuchen. Eigentlich hatte sie zu überhaupt nichts Lust, nicht mal auf ihr Pferdealbum. In letzter Zeit hatte sie wieder einen Haufen Pferdebilder aus Zeitschriften gesammelt, die nur darauf warteten, eingeklebt zu werden. Sie würden wohl noch weiter warten müssen …

Gerade als Lotte überlegte, ob sie doch aufstehen und reingehen sollte, hörte sie plötzlich, wie am anderen Ende des Gartens jemand die Tür des ehemaligen Kuhstalls aufriss. Dort hielt ihr Vater gerade wieder einen seiner Schauspiel-Workshops für Leute ab, die Schauspielluft schnuppern wollten.

Die Tür knallte ins Schloss, und eine Frau mit wehenden blonden Haaren rannte in den Garten hinaus. Sie war barfuß, trug einen dunkelblauen Jogginganzug, war knallrot im Gesicht und schrie aus voller Kehle: »Aaaaaaah!«

Sofort sprang Lotte aus der Hängematte und rannte ihr entgegen. »Ist was passiert?«

Die Frau beachtete sie nicht und schrie weiter. Dabei rannte sie im Kreis herum und trampelte mit ihren Füßen das Gras platt.

Lotte lief näher zu ihr hin. »Was ist los? Kann ich Ihnen helfen?«

Die Frau beachtete sie immer noch nicht. Jetzt warf sie sich auf die Knie und trommelte mit den Fäusten auf den Boden.

Lotte kniete sich neben sie hin. Das hörte sich ja schrecklich an! Der Frau musste irgendwas Schlimmes passiert sein. Vielleicht hatte sie ja ein schreckliches Erlebnis oder einen Unfall gehabt ...

Vorsichtig berührte Lotte die Frau an der Schulter. »Bitte,

sagen Sie doch, was los ist. Geht es Ihnen nicht gut? Kann ich Ihnen helfen?«

Endlich hob die Frau den Kopf und sah Lotte so verblüfft an, als ob ein Alien vor ihr stehen würde. »Helfen? Nein, nein. Mir geht's gut, keine Sorge. Ich mach nur gerade eine Schrei-übung. Ich lasse alle Wut raus, die ich in den letzten Jahren hinuntergeschluckt habe. Eine super Übung, solltest du auch mal ausprobieren. Dein Vater ist der tollste Schauspiellehrer, den ich kenne.«

Lotte starrte die Frau an. Sie brauchte eine Weile, bis sie begriff, dass sie nicht als Lebensretterin gebraucht wurde.

Da schrie die Frau auch schon wieder los. Lotte hielt sich die Ohren zu und wich ein paar Meter zurück. Die Frau war völlig in ihrer Übung versunken, schrie und trommelte auf den Boden.

Plötzlich tauchte Lottes Vater auf, mit einem Gong in der Hand. Dreimal schlug er mit dem Stab gegen die Klangschale und sagte dazu in einem beruhigenden Singsang: »So, Frau Klein, jetzt können Sie mit der Schreiübung langsam wieder aufhören.«

Verwirrt sah sich Frau Klein um.

»Kommen Sie«, sagte Lottes Vater. »Es ist gut, Sie haben jetzt eine Stunde am Stück geschrien.«

»So lange?«, fragte Frau Klein und sah richtig stolz dabei aus. Dann ließ sie sich, noch etwas zögernd, von Lottes Vater zurück in den Kuhstall führen.

Lotte schüttelte den Kopf und musste kichern. Garantiert

gab es niemanden auf der ganzen Welt, der so einen verrückten Vater hatte wie sie. Schreiübung! Wie war er nur auf so eine komische Idee gekommen?

Während sie hinüber zum Haus ging, musste sie daran denken, was die Frau zu ihr gesagt hatte: »Solltest du auch mal ausprobieren.« Wer weiß, vielleicht hatte sie ja recht? Vielleicht ging es ihr dann hinterher tatsächlich besser?

Lotte überlegte nicht lange: Sie holte tief Luft und schrie, so laut sie konnte: »Aaaaaah!«

Sofort flog wieder das Küchenfenster auf. »Ist was passiert?«, rief Mama.

»Nein, alles klar«, sagte Lotte. »Ich mache nur eine Schreiübung, aus Papas Workshop.«

Ihre Mutter seufzte. »Dann ist es ja gut. Aber gib mir bitte das nächste Mal Bescheid, bevor du so was vorhast.«

»Okay«, sagte Lotte.

Sie machte die Haustür auf und lief über die kühlen Steinfliesen im Flur. Aus der Küche wehte ihr der Duft von frisch gebackenem Nusszopf entgegen. Lotte merkte, wie ihr das Wasser im Mund zusammenlief. Es ging ihr zwar nicht wirklich besser, aber auf einmal hatte sie Hunger. Kein Wunder, nach dem Schock mit der Frau und der anstrengenden Schreiübung brauchte sie jetzt unbedingt eine kleine Stärkung.

Eine Viertelstunde später hatte Lotte drei Scheiben Nusszopf verdrückt und zwei Tassen Kakao mit ganz viel Sahne getrunken. Stöhnend schob sie den Teller von sich weg und rieb sich den Bauch.

»Du musst dich bewegen«, sagte Mama. »Geh doch noch zu Tante Katja rüber, zum Ponyhof.«

Lotte schüttelte den Kopf. »Ich will nicht.«

»Tu's trotzdem«, sagte Mama. »Die Ponys vermissen dich bestimmt schon, auch Pirat. Er wollte dich ganz bestimmt nicht absichtlich verletzen. Wetten, er hat die ganze Sache längst wieder vergessen?«

Da sprang Lotte auf. »Ich aber nicht!« Und damit rannte sie aus der Küche.

»Warte doch!«, rief Mama ihr nach.

Aber Lotte wollte nicht warten, sie wollte nur noch weg, weg von Mama, von zu Hause und weg von allen.

Lotte rannte zum Hof hinaus und einfach weiter, ohne auf den Weg zu achten. Der Regen wurde stärker, dicke Tropfen klatschten ihr ins Gesicht. Lotte wischte sie nicht weg. Sie rannte und rannte und rannte – so lange, bis sie plötzlich Seitenstechen bekam. Das Seitenstechen wurde so stark, dass sie schließlich stehen bleiben musste. Keuchend strich sie sich die nassen Haare aus der Stirn und sah sich um. Ohne es zu merken, hatte sie den Weg zu Tante Katjas Ponyhof eingeschlagen, war außen um die Gebäude herumgelaufen und stand nun direkt vor der Weide.

Die Ponys hoben neugierig die Köpfe und schauten zu ihr herüber. Als Lotte Pirat entdeckte, schaute sie schnell in eine andere Richtung und wollte schon wieder umkehren. Doch da kam plötzlich Avanti angetrabt. Lotte wollte immer noch umkehren, sie wollte es wirklich. Nie, nie mehr wollte sie etwas mit Ponys und Pferden zu tun haben. Aber je näher Avanti kam, umso schwerer fiel es ihr wegzugehen. Und als er dann ganz nah am Zaun stand und seinen Kopf über die oberste Latte streckte, konnte Lotte nicht anders: Sie musste ihn einfach streicheln.

Avanti hielt ganz still. Lotte spürte die Wärme seines erhitzten Körpers und den Luftzug, wenn der Atem aus seinen Nüstern ein- und ausströmte. Stöhnend presste sie ihren Kopf gegen den Hals des Wallachs.

»Ach, Avanti«, flüsterte sie in sein Fell hinein. »Was soll ich nur machen?«

Der Rappe hielt immer noch still. Seine Atemzüge waren jetzt sanft und gleichmäßig. Lotte schlang die Arme um seinen Hals. Das Fell war vom Regen feucht geworden und duftete herrlich. Drei Tränen tropften aus Lottes Augen auf Avantis Hals. Er schnaubte leise.

»Ich bin ja so froh«, murmelte Lotte, »dass es dich gibt!«

Eifersüchtige Zamira

Am nächsten Tag wachte Lotte mit dem Gedanken an Avanti auf und wurde ihn nicht wieder los. Die ganze Zeit musste sie an den Wallach denken. Irgendwann hielt sie es nicht mehr aus und ging doch zur Weide, obwohl sie es eigentlich nicht vorgehabt hatte. Sie konnte nichts dagegen tun, irgendetwas zog sie zu Avanti hin, wie ein Magnet.

Als Lotte zum Gatter kam, waren die meisten Ponys gerade am Wassertrog. Kein Wunder, denn heute brannte die Sonne ziemlich heiß vom Himmel. Zum Glück stand Pirat ganz weit hinten.

»Avanti!«, rief Lotte.

Der Rappe hob sofort den Kopf und kam zu ihr herüber.

»Da bist du ja, mein Süßer«, sagte Lotte und strich Avanti über den Kopf. »Na, wie geht es dir?«

Avanti stellte neugierig die Ohren auf. Dann schielte er auf Lottes ausgebeulte rechte Jackentasche.

»Ach so«, sagte Lotte. »Du willst was von den Karotten, die ich dir mitgebracht hab. Sag das doch gleich.«

Sie holte zwei Karottenstücke heraus und hielt sie Avanti hin. In null Komma nichts hatte der Wallach sie verputzt.

Jetzt kam auch Zamira an. Schon von Weitem hörte Lotte ihr aufgeregtes Wiehern.

»Was willst du denn hier?«, fragte Lotte.

Zamira wusste genau, was sie wollte. Energisch stupste sie Avanti an und versuchte, ihn von Lotte wegzudrängen. Der Rappe wusste nicht, was er machen sollte. Unschlüssig sah er zwischen Lottes immer noch gut gefüllter Jackentasche und Zamira hin und her.

»Was soll das, Zamira?«, rief Lotte empört. »Du kannst uns doch hier nicht einfach stören. Geh zurück zu den anderen.«

Die Fuchsstute tat so, als sei Lotte Luft für sie, und versuchte weiter, Avanti wegzudrängen. Und dieses Mal hatte sie Erfolg. Avanti folgte ihr. Gemeinsam galoppierten die Freunde davon.

»Avanti!«, rief Lotte. »Komm zurück zu mir!« Aber Avanti sah sich nicht mehr nach ihr um.

Lotte kämpfte gegen die Tränen an. Blöde Zamira! Musste sie gleich alles kaputt machen? Avanti war so lieb gewesen, Lotte hätte ihn gerne noch weiter gefüttert und ausgiebig gestreichelt. Und sich wieder ein bisschen bei ihm ausgeheult.

»Hallo, Lotte!«, rief plötzlich Tante Katja, die vom Wohnhaus herüberkam. »Schön, dich zu sehen. Aber was machst du denn für ein Gesicht?«

»Avanti ist lieber mit Zamira zusammen als mit mir«, sagte Lotte. »Dabei hab ich extra Karotten für ihn dabei.«

Tante Katja lachte. »Und jetzt bist du sauer? Tja, du wolltest doch, dass ich noch mal zum Züchter fahre und Zamira dazukaufe, weil Avanti nach der Trennung von seiner Freundin so unglücklich war.«

»Ja, schon …«, gab Lotte zu. »Trotzdem hätte Avanti noch ein bisschen bei mir bleiben können.«

»Ponys und Pferde sind Herdentiere«, sagte Tante Katja. »Am wohlsten fühlen sie sich unter sich. Manchmal komme ich mir auch wie ein Störenfried vor, wenn ich Rosario von der Weide hole. Das ist eben so.«

»Hmm …«, machte Lotte.

Katja stützte ihre Ellbogen auf den Weidenzaun und sah Lotte prüfend an. »Da ist doch noch was anderes, oder? Es geht nicht nur um Avanti und Zamira. Denkst du immer noch an deinen Unfall?«

»Hmm …«, sagte Lotte wieder.

Tante Katja legte den Arm um sie. »Ich kann dich gut verstehen. Das war ein großer Schock für dich. Ich hatte auch mal einen Reitunfall, ich bin ziemlich schlimm gestürzt und hab mir den Arm gebrochen. Aber weißt du, was ich danach gemacht hab?«

Lotte schüttelte den Kopf. »Was denn?«

»Sobald ich einigermaßen fit war, bin ich sofort wieder aufs Pferd gestiegen – mit dickem Gips um den Arm!«

»Aber das war doch … gefährlich«, sagte Lotte.

Tante Katja winkte ab. »Da hätte nichts Schlimmes passieren können. Viel wichtiger als der Arm war für mich, dass ich so bald wie möglich wieder geritten bin, um den Schock zu überwinden. Je länger ich gewartet hätte, umso mehr Angst hätte ich gehabt. Weißt du, wenn man zu viel grübelt, freut sich die Angst, dann kann sie sich so richtig schön ausbreiten. Aber man kann ihr ein Schnippchen schlagen, indem man sie gar nicht erst groß werden lässt. Verstehst du, was ich meine?«

»Ja«, sagte Lotte leise, während sie zu Avanti hinübersah. Er spielte mit seiner Freundin Zamira. Anscheinend vermisste er Lotte überhaupt nicht. Dann brauchte sie auch nicht länger hierzubleiben.

»Ich geh nach Hause«, sagte Lotte.

»Okay«, sagte Tante Katja. »Bis bald!«

Lotte nickte, obwohl sie nicht wusste, ob sie überhaupt noch mal wiederkommen sollte. Dann vergrub sie ihre Hände in den Hosentaschen und machte sich auf den Heimweg.

Jetzt erst recht!

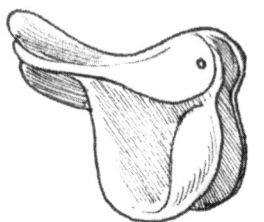

Zu Hause in der Küche wartete Mareike auf sie. Sie saß mit Lottes Vater bei einer Tasse Tee und unterhielt sich mit ihm.

»Da bist du ja«, sagte Papa. »Wie geht es dir?«

Lotte presste die Lippen aufeinander. Musste Papa immer gleich merken, wenn es ihr schlecht ging?

»Super«, murmelte sie und drehte sich zu Mareike um. »Komm, lass uns in mein Zimmer gehen.«

Mareike nahm einen letzten Schluck aus ihrer Tasse und stand auf. »Klar. Danke für den Tee!«

Als sie oben waren, schloss Lotte die Tür hinter sich ab. Nicht, dass auch noch Mama reinkam und störte. Für heute hatte sie genug von den superklugen Ratschlägen der Erwachsenen.

Sie setzte sich mit ihrer Freundin auf den flauschigen, schwarzen Teppich, den sie ausgesucht hatte, weil er aussah wie eine zottelige Pferdemähne.

»Ich hab dich vermisst bei der Reitstunde«, sagte Mareike. Dann kramte sie in ihrer Tasche und holte ein Päckchen heraus.

»Ich hab doch gar nicht Geburtstag«, wunderte sich Lotte.

»Na und?«, sagte Mareike nur und lächelte. »Ich kann dir doch auch so was schenken.«

Neugierig nahm Lotte das Geschenk entgegen. Es war ziemlich schwer. Sie riss das Papier herunter und rief: »Ein Hufeisen! Danke!«

»Es ist nicht *irgendein* Hufeisen«, sagte Mareike. »Coco hat es getragen. Als der Hufschmied auf den Ponyhof kam, wollte ich es erst selber behalten, aber dann hab ich gedacht, du kannst es zurzeit vielleicht besser gebrauchen als ich.«

Lotte umarmte ihre Freundin. »Danke! Du bist echt lieb.«

»Schon okay«, murmelte Mareike. Dann fragte sie vorsichtig: »Du warst auf dem Ponyhof? War's schön?«

»Geht so«, sagte Lotte, während sie ein Pferdebild von der Wand nahm und stattdessen das Hufeisen aufhängte, mit der Öffnung nach oben, wie es sich gehörte, damit das Glück auch hineinfallen konnte.

»Hast du Pirat gesehen?«, fragte Mareike.

Lotte seufzte. »Nur ganz kurz. Zum Glück kam er nicht an den Zaun, aber Avanti kam wieder zu mir, zum zweiten Mal schon. Ich glaub, er mag mich. Ich hab ihn gestreichelt und mit Karotten gefüttert und …«

»Toll!«, sagte Mareike dazwischen.

»Ja, toll«, wiederholte Lotte, »aber nur so lange, bis Zamira sich dazwischengedrängt und Avanti abgeschleppt hat.«

Mareike nickte. »Bestimmt war sie eifersüchtig.«

»Und wie!«, rief Lotte. »Sie denkt wohl, Avanti gehört ihr alleine. Aber andere wollen ihn vielleicht auch mal streicheln. Ich, zum Beispiel.«

»Klar«, sagte Mareike.

Lotte spielte mit den Fransen ihres Teppichs. »Am liebsten würde ich Zamira auf eine extra Weide sperren, aber leider hat Tante Katja nur eine Weide.«

103

Mareike grinste. »Das wär, glaub ich, auch keine gute Idee. Dann würde Zamira bestimmt richtig wütend werden und alles dafür tun, um wieder zu Avanti zu kommen. Du darfst sie nicht zu deiner Feindin machen.«

Mareike hatte recht. Trotzdem wäre es Lotte am liebsten gewesen, Zamira wäre plötzlich weit, weit weg, in Australien bei den Wildpferden oder so.

Plötzlich schnappte Mareike sich ihre Hand und presste sie so fest, dass es wehtat.

»Aua!«, rief Lotte. »Lass los!«

»Entschuldige«, sagte Mareike. »Mir ist nur gerade was eingefallen. Wie wär's, wenn du Zamira nicht zu deiner Feindin machst, sondern zu deiner Freundin?«

Lotte runzelte die Stirn. »Hä?«

»Ja«, redete Mareike weiter, »du musst sie einfach nur genauso oft streicheln wie Avanti und ihr genauso viele Leckerbissen mitbringen. Dann kann sie nicht mehr eifersüchtig sein, frisst dir aus der Hand, und du hast freie Bahn, um Avanti zu streicheln.«

»Ach, so meinst du das«, sagte Lotte zögernd. »Hmm, klingt gut, aber ob das auch funktioniert?«

»Garantiert!«, sagte Mareike. »Du musst es nur eine Zeit lang versuchen und darfst nicht lockerlassen.«

Lotte seufzte. Mareikes Idee war wirklich gut, aber eigentlich wollte sie ja sowieso nicht mehr zur Weide gehen. Wenn Avanti dachte, dass er auch ohne Lotte klarkam … Sie würde ihm nicht nachlaufen.

Während sie noch überlegte, was sie Mareike antworten sollte, hämmerte plötzlich jemand gegen die Tür. Das konnte nur einer sein.

»Nein, Philipp!«, rief Lotte. »Du kannst jetzt nicht reinkommen, ich hab Besuch.«

Mareike winkte ab und stand auf. »Lass ihn nur! Ich muss sowieso gehen, ich hab heute noch Klavierstunde.«

»Schade«, sagte Lotte.

Sie sperrte die Tür auf und ließ ihre Freundin raus. Philipp quetschte sich an Mareike vorbei und schwenkte triumphierend sein Ritterschwert. »Jetzt musst du mit mir Ritter spielen.«

»Nein, Philipp …«, fing Lotte an.

Aber Philipp ließ nicht locker. »Ach, bitte! Nur ganz kurz!«

»Na gut«, gab sie klein bei. »Aber nur eine Viertelstunde.«

»Super!«, rief Philipp. »Komm, hol dir auch ein Schwert.«

Lotte sah sich suchend im Zimmer um, obwohl sie genau wusste, dass sie nichts besaß, was auch nur im Entferntesten mit Rittern zu tun hatte. Da fiel ihr Blick auf einen alten Baseballschläger, den sie mal auf einem Flohmarkt gekauft hatte. Der konnte zur Not als Ritterschwert herhalten.

Lotte schnappte sich den Baseballschläger und stellte sich ein paar Meter entfernt von ihrem kleinen Bruder auf.

»Los geht's!«, rief Philipp und fuchtelte mit seinem Schwert herum.

»Los geht's«, wiederholte Lotte und tat so, als würde sie fechten. Natürlich passte sie auf, dass sie ihren kleinen Bruder mit dem Baseballschläger nicht verletzte.

Philipp rannte auf sie zu und bohrte ihr das stumpfe Ende seines Holzschwerts in den Bauch. »He! Das gilt nicht. Du kämpfst ja gar nicht richtig.«

»Klar kämpfe ich«, sagte Lotte.

Philipp schüttelte energisch den Kopf. »Ritter strengen sich ganz doll an. Sie kämpfen, bis sie umfallen.« Zum Beweis ließ er sich der Länge nach auf den Boden fallen, während er immer noch weiter mit dem Schwert herumfuchtelte. »Ha, dir zeig ich's!«

Lotte musste lachen. Dann wurde sie schnell wieder ernst. Philipp hatte völlig recht! Sie durfte jetzt nicht einfach aufgeben, sie musste um Avanti kämpfen.

Kleiner Trick mit großer Wirkung

Gute Ideen soll man so schnell wie möglich in die Tat umsetzen. Das sagte Papa immer, und Lotte fand, dass er recht hatte. Deshalb radelte sie am nächsten Tag gleich nach dem Mittagessen zum Ponyhof. Diesmal reichten die Jackentaschen nicht aus, Lotte musste ihren kleinen Rucksack mitnehmen – und der war prall gefüllt mit allem, was sie aus Mamas Speisekammer unauffällig hatte stibitzen können: Äpfel, Karotten, ein Salatherz und alte Brotrinden.

So früh am Nachmittag waren noch keine Reitschüler da, und auch von Tante Katja war weit und breit nichts zu sehen. Die ruhigen Mittagsstunden nutzte sie oft für Büroarbeit. Tobi kam Lotte mit einer Schubkarre voller Mist entgegen.

»Na?«, begrüßte er sie, während er die Schubkarre kurz abstellte. »Willst du mir etwa beim Ausmisten helfen?«

»Äh …«, sagte Lotte. »Ich weiß nicht …«

Tobi grinste über das ganze Gesicht. »Schon gut, mach dir keinen Kopf. Ich komme schon alleine klar, dafür werde ich ja bezahlt. Willst du auf die Weide?«

Lotte nickte.

»Grüß mir die Ponys«, sagte Tobi und hob die Schubkarre wieder an.

»Mach ich!«, sagte Lotte. Dann fing sie an zu laufen. Sie konnte es kaum erwarten, Avanti zu sehen.

Der Rappe kam gleich zum Zaun, als Lotte ihn rief, dicht gefolgt von Zamira. Die Fuchsstute hatte offenbar beschlossen, ihren Freund keine Sekunde mehr aus den Augen zu lassen.

Lotte zwang sich dazu, sie zuerst zu begrüßen. »Hallo, Zamira! Schön, dich zu sehen. Na, wie geht's?«

Die Fuchsstute schüttelte den Kopf, und ihre Mähne flog hin und her.

»Ja, du bist eine ganz Schöne!«, sagte Lotte. »Toll sieht deine Mähne aus. Hat Tante Katja sie dir gebürstet, oder war es Tobi?«

Zamira sah Lotte unschlüssig an. Doch Lotte ließ sich nicht beirren. Sie redete weiter beruhigend auf Zamira ein und strich ihr kurz über den Kopf. Dann erst drehte sie sich zu Avanti um.

»Hallo, Süßer! Ja, ich freu mich auch, dich zu sehen.«

Avanti schnaubte zufrieden.

»Und?«, fragte Lotte. »Hast du schön mit Zamira gespielt?«

Sofort drängte sich Zamira wieder dicht an Avanti.

»Ich weiß, Zamira«, sagte Lotte. »Du bist Avantis beste Freundin. Ich will dir Avanti auch gar nicht wegnehmen. Ich mag euch beide gern. Und du bist eindeutig die Hübschere von euch beiden.«

Während sie weiterredete, machte sie ihren Rucksack auf und holte die Brotrinden heraus. Das erste Stück streckte sie Zamira hin. Die Fuchsstute zögerte ein wenig, doch dann nahm sie es. Auch das zweite Stück gab Lotte ihr. Erst danach fütterte sie Avanti, der schon unruhig geworden war. Misstrauisch sah Zamira dabei zu. Doch als Lotte sich wieder auf sie konzentrierte, wurde Zamira ganz lieb.

Stück für Stück verteilte Lotte die Leckerbissen zwischen den Ponys, wobei sie dafür sorgte, dass Zamira die besten Stücke abbekam.

»So«, sagte sie schließlich. »Mehr hab ich leider nicht.«

Avanti versuchte, seinen Kopf durch den Zaun zu stecken, um sich sicherheitshalber selber davon zu überzeugen.

Lotte musste lachen. »Hier, siehst du? Mein Rucksack ist leer. Nichts mehr drin, gar nichts.«

Avanti schnaubte enttäuscht, aber er blieb trotzdem am Zaun stehen. Lotte streichelte ihn kurz. Da drängte sich Zamira wieder vor.

»Komm her zu mir, Zamira!«, sagte Lotte. »Du bekommst natürlich auch deine Streicheleinheiten!«

Die Fuchsstute blieb stehen und genoss Lottes Aufmerksamkeit.

»So«, sagte Lotte. »Und jetzt lasse ich euch wieder allein. Ihr wollt sicher weiterspielen, oder?«

Das ließ sich Zamira nicht zweimal sagen. Sie stupste Avanti an, und die beiden galoppierten Seite an Seite davon. Lotte sah ihnen noch eine Weile zu, bevor sie sich wieder auf den Nachhauseweg machte.

Unterwegs klingelte ihr Handy. An der Nummer auf dem Display erkannte sie gleich, dass es ihre Freundin war. »Hallo, Mareike«, sagte sie. »Was gibt's?«

»Ich wollte nur mal fragen, ob du morgen Lust hast, mir bei meiner Longenstunde zuzusehen?«

»Klar«, sagte Lotte. »Wann geht's denn los?«

»Um drei Uhr«, sagte Mareike. »Am besten treffen wir uns gleich beim Außenplatz.«

»Okay«, sagte Lotte. »Dann bis morgen.«

Als sie ihr Handy zurück in die Tasche steckte, merkte sie, wie es in ihrem Bauch kribbelte. Plötzlich musste sie an ihre eigene erste Longenstunde denken. Wie sie am Anfang wie ein schlaffer Sack im Sattel gehangen und hin und her gerutscht war. Trotzdem hatte es wahnsinnig Spaß gemacht. Und den schrecklichen Muskelkater danach hatte sie einfach ignoriert und zwei Tage später gleich weitergemacht.

Wie weit wohl Mareike inzwischen war? Sie konnte sowieso schon so gut reiten, und sie hatte jetzt eine Reitstunde in der Abteilung Vorsprung!

Lotte und Avanti

Am nächsten Tag war Lotte pünktlich um drei Uhr beim Außenplatz, und kurz darauf kamen auch schon Tante Katja und Mareike mit Coco. Tante Katja hatte Longe und Longierpeitsche dabei.

»Hallo, Lotte!«, sagte sie. »Ich hab schon gehört, dass du uns heute zusehen willst. Das ist schön.«

»Hallo, Tante Katja, hallo, Mareike!«, sagte Lotte.

Und dann ging es auch schon los. Tante Katja steckte die Longe in den Trensenring und befestigte den Ausbinder zum Sattel hin, damit Coco mit dem Kopf ruhig blieb und nicht nach unten schauen konnte.

Als sie fertig war, half sie Mareike in den Sattel. Viel helfen musste sie ihr nicht, eigentlich schaffte Mareike es fast allein.

Lotte setzte sich an den Rand des Außenplatzes ins Gras. Von hier unten, aus der neuen Perspektive, sah Coco riesig aus, obwohl der Schimmel eher zu den kleineren New-Forest-Ponys gehörte.

Lotte winkte ihrer Freundin zu. »Viel Glück!«

»Danke«, sagte Mareike.

Tante Katja ging in die Mitte des Platzes und schnalzte kurz mit der Peitsche. Sofort setzte sich Coco in Bewegung.

»Setz dich schön locker und aufrecht in den Sattel«, sagte

Tante Katja. »Ja, so ist es gut. – Und bleib ruhig sitzen – ruhig!«

Mareike nickte und richtete sich gleich wieder auf, nachdem sie kurz nach hinten gefallen war. Lotte sah ihr gespannt zu. Ihre Freundin sah toll aus im Sattel, so groß, fast schon wie eine erwachsene Reiterin.

Nach einer Weile ließ Tante Katja Coco traben. Jetzt wurde Mareike ganz schön durchgeschüttelt und hin und her geworfen.

»Fass in den Sattelbogen!«, rief Tante Katja, »und zieh dich aufrecht!«

Mareike versuchte es, aber diesmal wollte es ihr nicht gelingen. Sie hatte die Balance verloren, und ihre Beine rutschten nach oben.

»Schieb die Knie und Knöchel nach unten, stell dir vor, du willst den Boden erreichen«, sagte Tante Katja.

Mareike strengte sich an. Bald glänzten Schweißperlen auf ihrer Stirn. Trotzdem musste Tante Katja sie immer wieder korrigieren. Lotte drückte ihrer Freundin die Daumen und feuerte sie ab und zu an. Mareike nickte nur kurz und konzentrierte sich gleich wieder.

Nach einer halben Stunde intensiver Arbeit sagte Tante Katja: »Okay, das reicht, Schluss für heute!«

Erleichtert stieg Mareike ab.

»Traben ist gar nicht so einfach«, sagte Tante Katja. »Aber mit ein bisschen Übung wirst du es ganz schnell lernen.«

Mareike wischte sich den Schweiß von der Stirn und nickte.

»Komm, wir gehen zusammen zum Putzplatz und reiben Coco trocken«, schlug Lotte vor.

Mareike lächelte. »Schön, dass du mitkommst.«

Als sie Tante Katja hinter sich gelassen hatten, stöhnte Mareike. »Heute hat ja überhaupt nichts geklappt. Dabei wollte ich dir doch zeigen, was ich schon alles kann.«

Lotte versuchte sie zu trösten. »Du hast dich tapfer geschlagen. Heute war eben einfach nicht dein Tag.«

»Ja, vielleicht«, sagte Mareike und band Coco am Putzplatz an der Stange fest.

Gemeinsam rieben sie Coco mit Strohbüscheln trocken und ließen beide ihre Gedanken schweifen. Lotte war fast froh, dass Mareike heute nicht so super drauf gewesen war. Sonst wäre ihr die Freundin ein bisschen unheimlich geworden, weil sie bis jetzt nie Fehler gemacht hatte.

Als sie fertig waren, fragte Mareike: »Hast du noch Lust, mit zur Weide zu gehen?«

»Klar«, sagte Lotte.

Mareike führte Coco am Strick, die es kaum erwarten konnte, zurück zu ihrer Herde zu kommen. Lotte war auch gespannt. Würde Avanti wieder zu ihr an den Zaun kommen? Oder würde Zamira versuchen, ihn davon abzuhalten?

Als sie am Gatter ankamen, machte Mareike es auf, ließ Coco hinein und machte das Gatter schnell wieder hinter ihr zu, damit keins der anderen Ponys ausbüxen konnte.

»Lauf, Coco!«, rief sie ihrem Pony zu.

Der Schimmel trabte mit hocherhobenem Schweif auf die

Shetlandponys zu. Hinter den Shetties standen Avanti und Zamira.

Lotte rief: »Zamira, Avanti!«

Sofort spitzten die beiden die Ohren und kamen ans Gatter. Am Zaun ließen sie sich beide ausgiebig von Lotte streicheln.

»Wie hast du das denn geschafft?«, fragte Mareike. »Zamira frisst dir ja wirklich aus der Hand.«

Lotte lachte. »Mit Speck fängt man Mäuse! Ich hab es einfach genau so gemacht, wie du es vorgeschlagen hast. Das war eine super Idee von dir.«

»Freut mich«, sagte Mareike. »Das ging aber echt schnell.«

»Finde ich auch«, sagte Tante Katja, die unbemerkt an den Zaun gekommen war. »Zamira ist überhaupt nicht mehr eifersüchtig. Gleichzeitig Avantis und Zamiras Vertrauen zu gewinnen, dazu gehört schon jede Menge. Du bist ja eine richtige Pferdeflüsterin.«

Lotte biss sich auf die Lippen und wurde rot. Trotzdem wäre sie vor Stolz beinahe geplatzt.

Verlegen vergrub Lotte ihren Kopf in Avantis Mähne. Zamira stand ganz zufrieden daneben.

»Ach, übrigens«, sagte Tante Katja, »ich hatte dir ja mal gesagt, dass du nicht auf Avanti reiten darfst. Jetzt sehe ich das anders. Wenn du willst, kannst du bei der nächsten Stunde in der Abteilung auf ihm reiten. Ihr habt euch ja inzwischen sehr gut kennengelernt.«

Verblüfft ließ Lotte Avantis Mähne los. Hatte sie sich da etwa verhört?

Aber Tante Katja nickte noch mal zur Bestätigung. »Ja, ich denke, jetzt bist du so weit, Lotte. Du wirst sicher gut mit Avanti klarkommen.«

Mareike versetzte Lotte heimlich einen Rippenstoß. »Mensch, sag doch was!«

Lotte räusperte sich. »Äh … okay. Alles klar, ich überleg es mir.«

Tante Katja lächelte. »Gut. Dann bis bald, ich muss los.« Damit drehte sie sich um und ging davon.

»Was sollte das denn gerade heißen?«, fragte Mareike empört, »dass du es dir überlegst? Warum hast du nicht sofort zugesagt? Das war doch immer schon dein Traum, mal auf Avanti zu reiten.«

Lotte nickte. »Ja, stimmt.« Dann packte sie ihre Freundin am Arm. »Du hast recht! Ich mach es.«

»Hurra!«, rief Mareike.

Lotte warf Avanti einen zärtlichen Blick zu. »Wir schaffen das, wir zwei, oder was meinst du?«

Avanti drängte sich ganz dicht zu ihr an den Zaun.

Drei Tage später stand Lotte vor dem Spiegel und zog sich für die Reitstunde um. Da klopfte es an der Tür.

»Kann ich reinkommen?«, fragte Mama.

»Ja«, sagte Lotte.

Mama ging auf sie zu und streckte ihr eine schwarze Reithose entgegen.

»Woher hast du die denn?«, fragte Lotte verwundert.

Mama zwinkerte ihr zu. »Hab ich selbst geschneidert. Weil du doch keine Röcke magst, hab ich gedacht, ich mach dir mal zur Abwechslung eine Hose.«

Lotte wusste nicht, was sie sagen sollte. Damit hatte sie jetzt wirklich nicht gerechnet.

»Hoffentlich passt sie«, sagte Mama, »ich wollte dich überraschen und konnte nicht Maß nehmen.«

Lotte schüttelte den Kopf. Sie konnte es immer noch nicht glauben, dass ausgerechnet ihre Mutter, die Röckefanatikerin, ihr eine Reithose geschneidert hatte.

Doch dann schlüpfte sie schnell aus ihrer Jeans, die sie eigentlich hatte anziehen wollen. »Okay, ich probier sie gleich mal an.«

»Super!«, sagte Mama.

Die Hose ließ sich leicht hochziehen und locker zumachen. Als Lotte sich vor dem Spiegel drehte, merkte sie, dass die Hose ein bisschen zu weit war, aber nicht viel.

Erleichtert atmete Mama auf. »Wunderbar, sie passt fast perfekt. So schnell, wie du wächst, wird sie bald wie angegossen sitzen.«

Lotte drückte Mama einen Kuss auf die Wange. »Danke!«

»Gern geschehen«, sagte Mama. »Und jetzt lauf, sonst kommst du noch zu spät zur Reitstunde.«

»Okay«, sagte Lotte, und dann düste sie davon.

Lotte schaffte es noch rechtzeitig. Sie konnte Avanti in aller Ruhe von der Weide holen, putzen und satteln. Der Wallach war aber auch total brav, als ob er ahnen würde, dass heute ein ganz besonderer Tag für seine Reiterin war. Dann ging Lotte zusammen mit Mareike hinüber zum Außenplatz. Die anderen aus der Gruppe sahen ihr entgegen und lächelten.

»Toll, dass du wieder da bist!«

»Wir haben dich vermisst!«

»Wow, du reitest heute auf Avanti?«

Lotte streckte stolz die Brust heraus und fühlte sich gleich zwei Zentimeter größer. »Ja, genau.«

Mareike und Lotte reihten sich in die Gruppe ein und warteten auf Tante Katjas Anweisungen.

Die lächelte erst mal in die Runde. »Herzlich willkommen! Ich freu mich sehr, dass unsere Gruppe wieder vollständig ist. Gurtet kurz nach, und dann könnt ihr aufsitzen.«

Während Lotte den Sattelgurt sanft festzog, spürte sie, wie ihr Herz auf einmal schneller schlug. Aus den Augenwinkeln sah sie Pirat, und für eine Sekunde schossen ihr die Bilder des Unfalls durch den Kopf. Sie zwang sich dazu, tief durchzuatmen, und richtete sich wieder auf. Avanti stand ruhig da. Lotte spürte die Wärme seines Körpers und roch den Duft seines frisch gestriegelten Fells. Die Unfallbilder verschwanden so schnell, wie sie gekommen waren, und Lotte wurde ganz ruhig.

»Okay«, flüsterte sie Avanti ins Ohr. »Dann wollen wir mal.«

Mit nur einem kräftigen Schwung saß sie im Sattel und fühlte sich wunderbar sicher und geborgen.

»Seid ihr so weit?«, fragte Tante Katja.

»Ja!«, kam es im Chor zurück.

»Gut«, sagte Katja. »Dann wollen wir anreiten. Schee-ritt!«

Lotte gab beide Zügel nach und drückte sanft ihre Schenkel an Avantis Bauch.

Wie selbstverständlich lief Avanti los, ruhig und gleichmäßig. Lotte spürte, wie sie mit jedem seiner Schritte sicherer wurde. Die Ruhe des Wallachs floss in ihren Körper. Sie waren eine Einheit, sie gehörten zusammen, und alles war richtig und gut.

Die Reitstunde war wie ein schöner Traum. Als Tante Katja das Ende der Stunde verkündete, hatte Lotte das Gefühl, dass statt einer Dreiviertelstunde nur fünf Minuten vergangen waren.

»Sehr schön«, sagte Tante Katja. »Am besten haben mir heute Lotte und Avanti gefallen. Weiter so, Lotte!«

Lotte strahlte. »Mach ich!«

3. Hinein ins Abenteuer

Überraschung am Geburtstag

»Kikerikiii!«, rief jemand laut.

Lotte schreckte aus dem Schlaf hoch und wusste sofort, wer es war.

»Xaver!«, murmelte sie schlaftrunken. »Heute ist Sonntag. Kannst du mich nicht ein Mal länger schlafen lassen?«

»Kikerikiii!«, krähte Xaver, der Hahn, ein zweites Mal.

Seufzend zog sich Lotte die Bettdecke über den Kopf. Doch es half alles nichts. Als Xaver zum dritten Mal »Kikerikiii!« rief, war sie endgültig wach.

Ob der freche Hahn das extra machte, morgens ausgerechnet immer unter ihrem Fenster loszukrähen? Mama und Papa hätten ihn und die Hühner nicht behalten sollen, als sie den alten Bauernhof gekauft und zum Wohnhaus umgebaut hatten.

Stöhnend griff Lotte nach ihrem Funkwecker. Erst halb sieben! Aber dann fiel ihr ein, dass heute ein besonderer Tag war, und plötzlich war ihre schlechte Laune im Nu verflogen: Heute hatte sie Geburtstag!

Schnell richtete sie sich im Bett auf und sah zum Fenster hinüber. Die ersten hellen Junisonnenstrahlen blitzten ihr entgegen. Den Juni mochte Lotte schon immer am liebsten. Kein Wunder, schließlich hatte sie ja auch im Juni Geburtstag.

120

Im Haus war noch alles ruhig. Mama und Papa würden frühestens um sieben aufstehen. Leider brauchten sie immer ewig lange, um den Geburtstagstisch vorzubereiten. Vor halb acht würden sie bestimmt nicht damit fertig sein.

Lotte lehnte sich zurück und machte noch mal die Augen zu. Was sie wohl diesmal geschenkt bekommen würde? Letztes Jahr, zu ihrem achten Geburtstag, hatte sie sich Reitstunden gewünscht, und ihre Eltern hatten sie wieder mal vertröstet. Doch dann, im Frühjahr darauf, hatten sie endlich keine Ausrede mehr gehabt. Da war nämlich Tante Katja von einer ihrer Abenteuerreisen aus Australien zurückgekehrt und hatte ganz in Lottes Nähe einen Ponyhof eröffnet. Die beste Idee ihres Lebens, fand Lotte.

Seitdem verbrachte Lotte fast jeden Tag dort. Am Anfang durfte sie nur so langweilige Sachen wie Ausmisten machen, aber bald durfte sie auch Longenstunden nehmen und in der Abteilung reiten, zusammen mit Mareike, ihrer besten Freundin, die genauso verrückt nach Ponys war wie sie selber. Ein Leben ohne Ponys konnte sich Lotte überhaupt nicht mehr vorstellen. Und ohne Avanti sowieso nicht. Keines der neun Ponys auf dem Hof – nicht mal Rosario, der edle Holsteiner von Tante Katja – konnte Avanti das Wasser reichen.

Lotte nahm den silbernen Rahmen von ihrem Nachttisch und sah sich Avantis Foto an. Papa hatte es erst letzten Samstag aufgenommen, bei einem Familienfrühstück mit Tante Katja, Mama, Papa, Lotte und Philipp, ihrem kleinen Bruder.

Lotte strich über das Glas des Rahmens, dort, wo Avantis schwarze Mähne im Wind flatterte. Avanti war der wunderschönste, allerbeste, allerliebste Rappe auf der ganzen Welt!

»Heute besuche ich dich wieder auf der Weide«, sagte Lotte. »So bald ich kann. Versprochen!«

Avanti sah sie mit seinen sanften, braunen Augen an. Für eine Sekunde dachte Lotte, der Wallach hätte ihr zugezwinkert.

Plötzlich machte jemand Lärm vor ihrer Tür. Diesmal war es nicht Xaver, sondern Philipp. »Hallohallo, Lotte! Bist du schon wach?«

Schnell schlüpfte Lotte aus dem Bett und lief zur Tür, um Philipp hereinzulassen.

Er hatte seinen Plüschkoala unterm Arm, den Tante Katja ihm aus Australien mitgebracht hatte. Seine blonden Haare waren noch ganz verwuschelt, und auf seiner Stirn kringelten sich zwei widerspenstige Locken.

»Alles Gute zum Geburtstag!«, rief er und schlang seine Arme um ihren Hals.

Lotte drückte ihm zwei Küsschen auf die Wangen. »Danke, Philipp! Das ist aber lieb von dir.«

Ihr Bruder löste sich aus der Umarmung und sprang mit einem Riesensatz mitten in ihr Bett. »Heute gibt's Kuchen und Geschenke und ganz viel Kakao!«

»Ja, genau«, sagte Lotte und ließ sich neben ihn ins Bett fallen. »Warst du schon unten in der Küche?«

Philipp nickte. »Mama und Papa machen alles ganz schön. Es gibt eine Überraschung! Soll ich sie dir verraten?«

»Bloß nicht!«, rief Mama, die mit geröteten Wangen in der Tür erschien.

Lotte kicherte. »Dann muss ich wohl selber mal nachsehen.« Damit sprang sie aus dem Bett und schlüpfte schnell in Shorts und T-Shirt.

»Lass dich drücken!«, sagte Mama. »Herzlichen Glückwunsch zum Geburtstag! Es ist alles fertig, du kannst runter in die Küche kommen.«

Endlich!, dachte Lotte. Sie rannte die ausgetretenen Stufen der Holztreppe hinunter und nahm immer zwei Stufen auf einmal. Dann lief sie weiter über die kühlen Steinfliesen im unteren Flur. Aus der Küche duftete es herrlich nach Nusszopf, ihrem Lieblingskuchen.

Als sie die Tür aufmachte, schoss ihr ein grelles Blitzlicht entgegen. Schnell kniff sie die Augen zusammen und rief: »Lass das, Papa!«

Seit ihr Vater sich die neue Digitalkamera gekauft hatte, hatte er einen richtigen Foto-Tick. Eigentlich hatte er sich die Kamera ja für seine Schauspiel-Workshops angeschafft, damit er seine Kursteilnehmer fotografieren konnte, aber in letzter Zeit rannte er auch im Haus ständig damit herum.

Jetzt legte er sie für einen Augenblick weg und umarmte Lotte. »Alles Gute zum Geburtstag, meine Große! Ich wünsch dir ganz viel Glück für dein neues Lebensjahr. Jetzt bist du schon neun.«

»Danke!«, sagte Lotte und schielte über seine Schulter hinüber zum Geschenketisch. Drei Geschenke zählte sie auf den ersten Blick. Eins davon war ziemlich groß, rechteckig und schien schwer zu sein. Was da wohl drin war?

Inzwischen kamen Mama und Philipp in die Küche.

Philipp kletterte auf seinen Kinderstuhl und zeigte aufgeregt auf den Platz seiner Schwester. »Da, das is mein Geschenk!«

»Hey!«, rief Lotte. »Du hast mir ein Bild gemalt.«

Sie nahm das große Blatt Papier, das auf ihrem Teller lag, und hielt es in die Höhe: Wie immer hatte Philipp knallbunte Wachsmalkreiden verwendet und ziemlich wild herumgekritzelt. Trotzdem konnte Lotte das Motiv unschwer erkennen: Es war ein riesiger Löwe, der sein Maul ganz weit aufriss.

Lotte musste lachen. »Danke! Das ist ein tolles Bild.«

Philipp strahlte vor Stolz.

»Setz dich doch, Lotte«, sagte Mama. »Sonst wird der Kakao kalt.«

Lotte ließ sich auf ihren Stuhl fallen und betrachtete den geschmückten Geburtstagstisch. In der Mitte stand ein großer Strauß mit Sommerblumen. Die hatte Mama bestimmt im Garten gepflückt. Der Garten war ihr ganzer Stolz. Sobald sie neben ihrem Job als Lehrerin Zeit hatte, arbeitete sie im Garten. Papa dagegen werkelte am liebsten im Haus herum. Es gab eigentlich immer was zu reparieren.

»Guten Appetit!«, sagte Papa und legte ihr ein Stück Nusszopf auf den Teller.

Auf einmal merkte Lotte, dass sie einen Riesenhunger hatte. Sie stürzte sich auf den Zopf und aß mit Philipp um die Wette. Nach drei Stück Kuchen und zwei Tassen Kakao brachte sie beim besten Willen nichts mehr hinunter und rieb sich stöhnend den Bauch.

Philipp kletterte von seinem Stuhl. »Machst du jetzt die Geschenke auf?«

»Klar«, sagte Lotte.

Sie war selber total neugierig. Das große Paket hob sie sich bis zum Schluss auf und fing mit den zwei kleineren an. Im ersten war Bettwäsche drin. Eigentlich gab es nichts Langweiligeres als Bettwäsche, doch dann entdeckte Lotte, dass sie bedruckt war: mit Fotos von Avanti.

Strahlend drehte sie sich zu Papa um. »Hast du die Fotos gemacht?«

»Natürlich«, sagte Papa. »Und Mama hat die Bettwäsche bedrucken lassen.«

»Danke!«, sagte Lotte und machte sich schnell an das zweite Paket. Darin war ein Fotoalbum. Als sie es aufschlug, stand auf der ersten Seite in schwungvollen Großbuchstaben »Avanti«. Lotte blätterte die Seiten durch und schnappte nach Luft. »Ein ganzes Album, nur mit Fotos von Avanti?«

Papa nickte. »Es war gar nicht so leicht, heimlich die Fotos zu machen, so oft, wie du Avanti belagerst.«

Lotte fiel Papa um den Hals. »Du bist super!«

Philipp pikste mit seinem Zeigefinger in die Verpackung des größten Geschenks. »Und was is da drin?«

»Gleich«, sagte Lotte, während Papa schon wieder zur Digitalkamera griff und ein Bild nach dem anderen von ihr knipste.

Die Fotos von Avanti musste sie sich später in Ruhe ansehen. Eins wusste sie jetzt schon: Das Album würde einen Ehrenplatz im Regal bekommen – neben ihrem Album mit den vielen Pferdefotos, die sie aus Zeitschriften ausgeschnitten hatte.

Gespannt beugte sie sich nun über das große Paket und riss das Papier herunter. Eine braune Holzkiste kam zum Vorschein.

»Jippieh!«, jubelte Philipp. »Eine Schatzkiste! Is da Gold drin?«

Lotte schüttelte lachend den Kopf. »Nein, das ist ein Putzkasten.«

Philipp verzog den Mund. »Ach so …«

»Wahnsinn!«, rief Lotte. »Ein Putzkasten!«

»Gefällt er dir?«, fragte Mama. »Beim Inhalt hab ich mich extra von Tante Katja beraten lassen, damit auch ja nichts fehlt.«

Die Kiste war bis unter den Rand mit Bürsten und anderem Putzzeug gefüllt. Stück für Stück nahm Lotte die Sachen in die Hand. »Super!«, sagte sie. »Da wird sich Avanti freuen, so einen schönen Putzkasten hat keins von den anderen Ponys.«

»Auch Pirat nicht?«, fragte Philipp.

»Auch Pirat nicht«, sagte Lotte.

Der Rappe war der frechste und unberechenbarste Wallach unter den vier New-Forest-Ponys von Tante Katja. Einmal hatte er sogar beim Putzen ausgeschlagen und Lotte an der Schulter verletzt. Ihr war zwar nichts Schlimmes passiert, aber den Schock hatte sie erst mal verkraften müssen. Eine Zeit lang hatte sie sich sogar nicht mehr getraut zu reiten, aber schließlich hatte sie es dann doch getan und war auf Avantis Rücken gestiegen – und sie hatte es keine Sekunde bereut!

»Jetzt sind die Geschenke alle!«, rief Philipp.

Tatsächlich! Der Geschenketisch war leer. Vergeblich suchte Lotte nach weiteren Päckchen. Komisch, hatte Tante Katja sie etwa vergessen? Und Mareike auch? Das konnte sie sich gar nicht vorstellen.

In dem Moment sagte Papa: »Ach, übrigens, schöne Grüße von Tante Katja. Du sollst heute Nachmittag um drei Uhr zu ihr rüberkommen. Ich glaube, sie hat eine Überraschung für dich.«

Ausflug mit Ponys

Lottes Herz klopfte schneller. Das war also die Überraschung, die Philipp vorhin beinahe ausgeplaudert hätte. Wenn sie nur die Uhr hätte vorstellen können und es jetzt schon drei gewesen wäre!

Irgendwie vergingen die Stunden bis zum Nachmittag dann doch.

Und endlich war es so weit: Lotte konnte ihre Reithose anziehen, sich aufs Rad schwingen und die kurze Strecke bis zum Ponyhof fahren.

Dort empfingen Tante Katja und Mareike sie schon am Eingangstor. Beide hatten sich richtig fein gemacht: Tante Katja steckte in ihrem schönsten Reiteroutfit, mit einem blauen Seidentuch in ihren dunkelblonden Haaren, und Mareike in einem geblümten Sommerkleid.

Lotte bremste, und da fingen die beiden auch schon an zu singen: »Zum Geburtstag viel Glück, zum Geburtstag viel Glück, zum Geburtstag, liebe Lotte, zum Geburtstag viel Glück!!!«

Es klang ziemlich schräg, weil keine von beiden den Ton halten konnte. Trotzdem freute sich Lotte riesig. Sie warf ihr Rad ins Gras und umarmte erst Tante Katja, dann Mareike.

»Danke! Ich hatte schon gedacht, ihr habt mich vergessen.«

»Dich vergessen?«, fragte Mareike empört. »Na, hör mal! Den Geburtstag meiner besten Freundin würde ich nie vergessen!«

Lotte grinste. »Ja, ich weiß.«

»Dann wollen wir mal«, sagte Tante Katja und zwinkerte ihrer Nichte zu.

Zu dritt betraten sie den großen Innenhof mit den schönen Fachwerkgebäuden. Am liebsten mochte Lotte das Wohnhaus ihrer Tante. Mit seinen leicht schiefen Mauern und dem Fachwerkgiebel sah es ein bisschen wie ein Hexenhäuschen aus. Aber heute hatte sie für das Haus keinen Blick übrig. Davor stand nämlich etwas, das sie vorher noch nie gesehen hatte: eine blau lackierte Pferdekutsche, mit Avanti und seiner Ponyfreundin Zamira als prächtig geschmückten Zugpferden.

Lotte klappte den Mund auf und zu. »Das ist … das ist …«

»… meine neue Pferdekutsche«, beendete Tante Katja für sie den Satz. »Die wollte ich mir schon lange leisten, und heute ist der perfekte Tag, um sie einzuweihen.«

Lotte brachte immer noch keinen vernünftigen Satz heraus. »Aber … das ist ja … das ist echt …«

»Du hast doch hoffentlich Lust auf eine Kutschfahrt?«, fragte Tante Katja. »Oder willst du erst mein zweites Geschenk einlösen: einen Gutschein über fünf Gratis-Reitstunden bei mir? Du hast die Wahl.«

Die Reitstunden können warten, dachte Lotte, aber die Kutsche nicht.

»Nein«, sagte sie, »ich will erst mit der Kutsche fahren!«

Tante Katja machte eine einladende Handbewegung. »Wie Sie wünschen, Geburtstagsprinzessin. Darf ich bitten, einzusteigen?«

Lotte konnte nicht gleich einsteigen. Vorher musste sie unbedingt Avanti und Zamira begrüßen.

»Hallo, ihr zwei!«, sagte sie und hielt erst Zamira die Hand hin. »Das ist ja eine Überraschung!«

Zamira schnupperte an ihrer Hand und schleckte sie kurz ab.

»Iiih!«, rief Lotte und zog lachend ihre Hand zurück. »Lass das!«

Dann streckte sie auch Avanti die Hand hin. Der Rappe schnupperte ausgiebig daran und berührte sie ganz leicht mit seinen samtweichen Lippen. Lotte lief ein warmer Schauer über den Rücken. Avanti war einfach wunderbar!

Er blieb ruhig stehen und Zamira auch. Bei Avanti war das nichts Besonderes, aber bei Zamira schon. Vor einem Monat hätte sie noch alles versucht, um Lotte von Avanti wegzudrängen. Anfangs war sie schrecklich eifersüchtig gewesen und hatte ihren Ponyfreund mit niemandem teilen wollen. Nur mit viel Geduld – und vielen Leckerbissen – hatte Lotte es schließlich geschafft, dass die Fuchsstute ihr Misstrauen überwand. Dabei hatte sie einen ganz einfachen Trick angewandt: Sie hatte Zamira einfach mindestens genauso oft gestreichelt und gelobt wie Avanti. Seither fraß Zamira ihr praktisch aus der Hand.

Inzwischen hatte sich Tante Katja auf den Kutschbock gesetzt und die Zügel in die Hand genommen. Sofort spitzten Avanti und Zamira die Ohren und scharrten aufgeregt mit den Hufen.

»Hab schon verstanden«, sagte Lotte. »Ihr wollt los!«

Schnell drehte sie sich um und kletterte zu Mareike auf die hintere Bank.

»Seid ihr bereit?«, fragte Tante Katja.

»Ja!«, riefen Lotte und Mareike wie aus einem Mund.

Tante Katja schnalzte kurz mit der Peitsche und nahm die Zügel auf. Auf dieses Zeichen hatten Avanti und Zamira nur gewartet. Fröhlich schnaubend setzten sich die beiden Ponys in Bewegung.

Lotte lehnte sich zurück und konnte es immer noch nicht glauben: Sie saß tatsächlich in einer Pferdekutsche, mit ihrer besten Freundin an der Seite und Avanti als Zugpferd! Konnte es etwas Schöneres geben?

Tante Katja lenkte die Kutsche aus dem Hof hinaus und bog in einen Feldweg ein. Weil Avanti und Zamira sowieso schon ungeduldig nach vorne drängten, ließ sie sie antraben. Die Ponys reagierten sofort auf das Zeichen und trabten los. Die Kutsche wurde schneller und schaukelte ein bisschen hin und her.

Lotte streckte den Kopf in die Luft und ließ sich den Fahrtwind um die Nase wehen. »Ist das nicht toll?«, fragte sie.

Mareike nickte. »Ja, supertoll.« Dann kramte sie in ihrer Jeanstasche und holte ein kleines, zerknautschtes Päckchen heraus. »Hier, das ist mein Geburtstagsgeschenk für dich!«

»Danke!«, sagte Lotte und riss das Papier herunter.

Darin waren zwei bunte Armbänder: eins in Rot und eins in Grün. Lotte nahm die Bänder in die Hand und sah sie genauer an. Beide hatten kleine Hufeisen als Anhänger dran, und auf einem stand »Lotte« und auf dem anderen »Mareike«.

»Das sind Freundschaftsbänder«, sagte Mareike. »Hab ich selbst gemacht. Ich dachte, weil wir jetzt schon so lange Freundinnen sind, brauchen wir dringend ein Zeichen für unsere Freundschaft.«

Auf einmal hatte Lotte einen Frosch im Hals. »Stimmt … äh … ja, du hast recht. Vielen Dank. Das ist ein tolles Geschenk!«

Weil sie zögerte, nahm Mareike ihr ein Band aus der Hand und sagte: »Wir müssen es uns gegenseitig anlegen.«

Lotte nickte. Ihr wurde richtig feierlich zumute, als sie Mareike das rote Band mit der Aufschrift »Lotte« ums Handgelenk band. Ihre Finger zitterten, und sie brauchte eine Weile, bis sie die Enden verknotet hatte.

Gleichzeitig legte Mareike ihr das grüne Band um. »Fertig!«

»Noch nicht«, sagte Lotte. »Wenn wir jetzt Freundschaftsbänder haben, müssen wir auch einen Freundschaftsschwur dazu aufsagen.«

Mareike lächelte. »Stimmt. Weißt du einen Spruch?«

Lotte überlegte kurz, dann holte sie tief Luft. »Ich, Lotte, schwöre, dass Mareike für immer und ewig meine beste Freundin bleiben wird. So lange, bis wir beide alt und grau sind.«

»Okay«, sagte Mareike und wiederholte den Schwur: »Ich, Mareike, schwöre, dass Lotte für immer und ewig meine beste Freundin bleiben wird. So lange, bis wir beide alt und grau sind.«

Zur Bekräftigung des Schwurs legten sie ihre Handgelenke mit den Freundschaftsbändern übereinander und sahen sich tief in die Augen.

Da drehte sich Tante Katja zu ihnen um. »Geht's euch gut, ihr beiden? Ihr seid ja so schweigsam.«

Lotte lachte. »Keine Sorge! Uns geht's sogar sehr gut!«

Schlechte Nachrichten

Schade, dass man nicht jeden Tag Geburtstag haben kann, dachte Lotte, als sie am nächsten Tag aufwachte und plötzlich nicht mehr im Mittelpunkt stand. Philipp hatte schlecht geschlafen und quengelte herum. Mama hatte einen ihrer hektischen Tage und sprang dauernd vom Frühstückstisch auf, um dies und jenes zu tun. Und Papa telefonierte mit einem Mann, der sich für seine Schauspiel-Workshops interessierte.

»Natürlich, Herr Johann«, sagte er. »Sie können gerne vorbeikommen und unverbindlich bei einer Stunde zusehen. Es wird Ihnen bestimmt gefallen.«

Lotte kicherte. Noch wusste dieser Herr Johann zum Glück nicht, was auf ihn zukam. Ob er wirklich Lust dazu hatte, zusammen mit anderen wildfremden Menschen in einem ehemaligen Kuhstall, den Papa zum Seminarraum ausgebaut hatte, stundenlang zu atmen oder Schreiübungen zu machen?

»Gut, Herr Johann«, beendete Papa höflich das Gespräch. »Bis bald!« Dann sah er auf die Uhr und setzte seinen strengen Gesichtsausdruck auf. »Mensch, Lotte! Du musst los. Sonst kommst du zu spät zur Schule.«

Lotte stöhnte. Es gab wirklich wichtigere Dinge als Schule: Ponys, zum Beispiel. Aber leider war sie noch nicht erwachsen und konnte noch nicht Pferdepflegerin werden. Bis dahin blieb ihr nichts anderes übrig, als in die doofe Schule zu gehen.

Der Vormittag zog sich endlos dahin. Lotte saß wie auf Kohlen und schaute ständig auf die Uhr. Endlich läutete es zum Ende der letzten Stunde. Sofort sprang Lotte auf, rannte zu ihrem Rad und düste nach Hause. Dort aß sie so schnell wie möglich ihr Mittagessen, um gleich weiter zu Tante Katja zu fahren. Heute hatte sie zwar keine Reitstunde, aber Avanti wartete auf sie – und vielleicht konnte sie ja ihrer Tante wieder beim Anreiten der jungen Ponys zusehen.

Als sie auf den Hof kam, saß Tante Katja zusammen mit Tobi, dem Pferdepfleger, und Hannes, dem zweiten Reitlehrer, auf der Bank vor dem Wohnhaus. Die drei waren so in ihr Gespräch vertieft, dass sie Lotte gar nicht kommen hörten.

Sie stellte ihr Rad ab und ging auf die drei zu. Dabei hörte sie, wie Tobi gerade sagte: »Das ist kein Problem, ein paar Tage kommen wir hier schon alleine klar.«

»Du kannst dich auf meinen Freund verlassen«, sagte Hannes. »Ich habe ihm eingebläut, dass er extra streng zu den Reitschülern ist. Sie werden riesige Fortschritte machen und heilfroh sein, wenn wir wieder zurück sind.«

Dabei strich er sich die langen schwarzen Haare aus der Stirn und zeigte sein unwiderstehliches Lächeln, das viele Mädchen »total süß« fanden. Lotte würde nie verstehen, warum man sich in den Reitlehrer verlieben konnte statt in ein Pony.

»Gut«, sagte Tante Katja. »Ich nehme natürlich mein Handy mit. Hannes' Freund und du, Tobi, ihr könnt mich jederzeit erreichen, falls doch mal was sein sollte.«

Langsam wurde Lotte neugierig. Wovon redeten die drei eigentlich die ganze Zeit? Sie hielt es nicht länger aus und platzte einfach in das Gespräch: »Du fährst weg? Wohin denn?«

Die drei hoben überrascht die Köpfe.

»Ach, du bist es, Lotte«, sagte Tante Katja. »Ja, du hast richtig gehört. Ich fahre weg, aber nur für drei Tage, zu einem Dressurlehrgang, zusammen mit Hannes. Nächsten Montag soll es losgehen.«

Lotte spürte, wie es in ihrem Bauch anfing zu kribbeln. »Das ist ja toll! Nehmt ihr Rosario mit?«

Tante Katja hatte den vierjährigen Holsteiner gekauft, um mit ihm vor allem Dressur zu reiten. Holsteiner eigneten sich mit ihrem athletischen Körperbau nicht nur als Springpferde, sondern waren auch sehr gelehrige Dressurpferde.

»Nein«, sagte Tante Katja. »Diesmal nicht. Rosario und ich werden in den Sommerferien einen längeren Dressurlehrgang mitmachen. So lange muss Rosario warten. Jetzt nehme ich erst mal Avanti und Zamira mit.«

Avanti und Zamira! Plötzlich kam es Lotte vor, als hätte sie heute doch noch mal Geburtstag. »Echt? Super! Da werden sich die beiden aber freuen. Ich muss sofort Mama und Papa Bescheid geben. Sie müssen in der Schule anrufen und mich abmelden. Und dann muss ich meinen Koffer aus dem Keller holen und packen und …«

»Halt, halt!«, rief Tante Katja.

Lotte, die bereits wieder ein paar Schritte zu ihrem Rad gelaufen war, drehte sich verwundert um. »Was ist denn? Soll ich was Bestimmtes einpacken?«

Katja schüttelte den Kopf. »Du brauchst gar nichts einzupacken.«

Lotte runzelte die Stirn. »Warum denn nicht? Wir werden doch übernachten, da brauch ich doch meinen Koffer.«

»Nein«, sagte Tante Katja. »Hannes und ich werden verreisen. Du nicht, du bleibst zu Hause. Du musst doch zur Schule.«

Hatte sie sich gerade verhört? Aber Tante Katja sah nicht so aus, als ob sie einen Witz gemacht hätte.

»Bitte!«, flehte sie ihre Tante an. »Lass mich mitfahren. Ich versprech dir auch, ich bin total brav.«

Tante Katja seufzte. »Das glaub ich dir sofort, aber es geht trotzdem nicht.«

»Warum denn nicht?«, fragte Lotte.

»Weil du zur Schule musst«, sagte Tante Katja. »Deine Eltern können dich nicht einfach für drei Tage vom Unterricht befreien. Das geht nicht.«

»Klar geht das!«, sagte Lotte und stampfte mit dem Fuß auf. »Avanti braucht mich doch! Er wird mich vermissen.«

Tante Katja schüttelte den Kopf. »Mach es mir doch nicht so schwer, Lotte! Bald sind Sommerferien, da kannst du ein oder zwei Tage mitkommen, wenn ich mit Rosario auf den großen Lehrgang fahre. Und Avanti wird auch ein paar Tage ohne dich auskommen. Er hat ja seine Freundin Zamira bei sich.«

»Ich will aber nicht bis zu den Sommerferien warten!«, rief Lotte. »Ich will jetzt mit, zusammen mit Avanti und Zamira.«

»Nein!!«, sagte Tante Katja wieder, diesmal laut und bestimmt. Sie meinte es tatsächlich ernst.

»Komm!«, versuchte Tobi sie zu trösten. »Wir machen es uns hier schön. Du kannst jeden Tag zu mir kommen, und ich zeige dir, wie man den Shetties besonders tolle Zöpfe in die Mähnen flechten kann.«

Lotte hörte gar nicht richtig hin. Alles, was er ihr vorschlug, würde nie so schön sein wie der Ausflug mit Avanti.

»Lass mich!«, rief sie und drehte sich um.

»Warte doch!«, rief Katja ihr nach. »Wir sind gleich fertig mit unserer Besprechung, dann reden wir noch mal in Ruhe über alles.«

Lotte hatte keine Lust, »in Ruhe zu reden«. Tante Katja wollte ihre Meinung doch sowieso nicht ändern. Ohne sich noch mal umzusehen, rannte Lotte zu ihrem Rad, stieg auf und radelte davon.

Auf dem Heimweg schossen ihr tausend Fragen durch den Kopf: Warum war ihre Tante nur so gemein zu ihr? Warum nahm sie sie nicht einfach mit auf den Lehrgang? Die Sache mit der Schule war doch nur eine doofe Ausrede. Wahrscheinlich wollte sie mit Hannes alleine sein. Vielleicht hatte sie sich ja auch in ihn verliebt? Oder sie wollte alleine mit Avanti und Zamira sein. Die zweite Möglichkeit wäre noch viel schlimmer als die erste. Lotte biss die Zähne zusammen. Sie spürte, wie ihr die Tränen in die Augen stiegen. Nein, sie durfte jetzt nicht heulen! Sie durfte nicht schwach sein und aufgeben. Sie musste kämpfen.

Na warte, Tante Katja!, dachte sie. So leicht gebe ich nicht auf! Ich werde dich schon noch davon überzeugen, dass Avanti mich braucht und ich unbedingt mit muss. Das wirst du schon noch einsehen! Im Moment hatte sie zwar noch keinen Plan, wie sie das anstellen sollte, aber der würde ihr schon noch rechtzeitig einfallen, da war sie sich ganz sicher.

Ein genialer Plan

Sobald sie zu Hause war, fiel ihr ein, dass sie ja Mareike anrufen konnte. Jetzt brauchte sie ihre beste Freundin, alleine würde sie das nicht durchstehen.

Zum Glück ging Mareike gleich ran. »Hallo, Lotte! Wie geht's dir?«

»Schlecht!«, antwortete Lotte.

»Wieso? Was ist los?«, fragte Mareike.

Schnell erzählte Lotte ihr, was gerade passiert war.

Mareike hörte aufmerksam zu. Als Lotte fertig war, seufzte sie. »Ich kapier auch nicht, warum Tante Katja dich nicht mitfahren lässt. Schließlich verstehst du dich so gut mit Avanti. Sie hat selber mal zu dir gesagt, dass du inzwischen eine richtig tolle Pferdeflüsterin geworden bist. Und es sind doch nur drei Tage!«

»Ja, genau«, sagte Lotte. »Aber anscheinend hat sie das völlig vergessen.«

»Dann musst du sie eben daran erinnern!«, sagte Mareike.

Lotte stöhnte. »Hab ich doch schon! Es hat nichts geholfen. Hast du nicht noch eine andere Idee, wie ich sie überzeugen könnte?«

Mareike überlegte. »Hmm, warte … Deine Tante stellt sich an wegen der Schule … die Schule … Ja, jetzt hab ich's! Das könnte funktionieren.« Aufgeregt erklärte sie Lotte ihre Idee.

»Super!«, sagte Lotte am Schluss. »Du bist genial!«

Gleich am nächsten Tag setzten Lotte und Mareike den genialen Plan in die Tat um. Vor der Reitstunde fuhren sie zum Ponyhof und suchten Tante Katja. Nachdem sie den Stall, die Sattelkammer und den Heuboden abgeklappert hatten, fanden sie sie schließlich im Büro, wo sie gerade einen Stapel Rechnungen sortierte.

»Können wir Sie kurz stören?«, fragte Mareike höflich.

Tante Katja legte die Rechnungen weg. »Unbedingt! Ich hasse Büroarbeit. Setzt euch doch. Wollt ihr ein paar Kekse?« Damit schob sie Lotte und Mareike eine Schale mit Süßigkeiten hin.

»Nein, danke«, lehnte Lotte ab, obwohl sie bei Keksen normalerweise nicht widerstehen konnte. Doch jetzt musste sie sich voll und ganz auf das Gespräch konzentrieren.

Die Freundinnen setzten sich auf die Stühle gegenüber vom Schreibtisch.

»Habt ihr eine Frage wegen der Reitstunde?«, fragte Tante Katja, während sie sich einen Keks aus der Schale angelte.

Lotte schüttelte den Kopf. »Nein, es geht um was anderes.«

Tante Katja schluckte den Keks schnell hinunter. »Es geht doch nicht etwa um den Dressurlehrgang? Lotte, wie oft soll ich es dir denn noch erklären? Du kannst nicht mitfahren!«

Mit dieser Reaktion hatten die Freundinnen natürlich gerechnet. Jetzt musste Mareike einspringen.

Sie holte tief Luft und sagte: »Dürfen wir Ihnen trotzdem etwas erzählen?«

»Ja, klar. Natürlich«, sagte Tante Katja, war aber längst nicht mehr so gut gelaunt wie am Anfang.

Mareike ließ sich dadurch nicht aus der Ruhe bringen. »Wir hatten heute Deutsch bei unserer Klassenlehrerin.«

»Frau Jens«, fügte Lotte hinzu.

»Genau«, sagte Mareike, »bei Frau Jens. Und die hat uns eine Hausaufgabe gegeben: Wir sollen einen Erlebnisaufsatz schreiben, über ein Erlebnis, das uns zurzeit am meisten am Herzen liegt.«

Das war nicht mal gelogen, die Klassenlehrerin hatte ihnen tatsächlich einen Erlebnisaufsatz aufgegeben. Allerdings hatte sie ihnen das Thema freigestellt, aber die kleine Notlüge mussten sie einfach in Kauf nehmen.

Tante Katja hörte ungeduldig zu. »Ja, und?«

Jetzt war Lotte wieder dran. »Im Moment liegt mir nur eine Sache am Herzen: der Dressurlehrgang.«

»Aber …«, wollte Tante Katja sie unterbrechen.

»Bitte!«, sagte Lotte. »Ich habe jetzt echt ein Problem. Wie

soll ich über den Dressuhrlehrgang schreiben, wenn ich gar nicht dort gewesen bin? Ich kann doch nicht alles frei erfinden!« Sie versuchte, Philipps unschuldigen Augenaufschlag so perfekt wie möglich nachzumachen.

Tante Katja zögerte kurz, dann musste sie lachen. »Ach, Lotte! Fast hättest du mich um den Finger gewickelt, aber nur fast. Ich fürchte, du musst dir ein anderes Thema für deinen Aufsatz suchen.«

Lotte sah sie entsetzt an.

»Das geht nicht!«, rief Mareike. »Lotte hat Frau Jens schon erzählt, dass sie über den Dressurlehrgang schreiben wird.«

Lotte starrte auf die Süßigkeitenschale und versuchte, nicht rot zu werden. Das war nun wirklich eine fette Notlüge, die sie vorher auch nicht ausgemacht hatten. Aber Lotte dachte natürlich nicht im Traum daran, ihrer Freundin zu widersprechen.

»Lotte!«, seufzte Tante Katja. »Warum hast du das denn gesagt? Wolltest du mich damit etwa erpressen?«

»Natürlich nicht!«, sagte Lotte sofort.

Tante Katja verschränkte die Arme vor der Brust. »Okay, das glaub ich dir sogar. Trotzdem kann ich dir nicht weiterhelfen. Du musst deiner Lehrerin leider ein anderes Thema vorschlagen.«

»Bitte!«, flehte Mareike. »Überlegen Sie es sich doch noch mal! Lotte würde sich wahnsinnig freuen …«

Doch da schüttelte Tante Katja den Kopf. »Das ist mein letztes Wort! Ich will nichts mehr davon hören. Geht jetzt bitte, sonst werde ich gleich richtig sauer.«

Das wollten Lotte und Mareike lieber nicht riskieren. Mit hängenden Köpfen standen sie auf und gingen.

Draußen vor der Tür legte Mareike den Arm um Lotte. »Wir haben alles versucht. Sie lässt sich nicht umstimmen.«

Lotte presste die Lippen aufeinander. »Ja, ich weiß.«

»Komm!«, sagte Mareike. »Versuch, an was anderes zu denken. Lass uns die Ponys von der Weide holen. Gleich fängt die Reitstunde an.«

Lotte nickte. »Okay.«

Dann folgte sie ihrer Freundin. Doch sosehr sie es auch versuchte, sie musste trotzdem die ganze Zeit daran denken, dass Avanti nun ganz alleine auf dem Lehrgang sein würde. Das war so schlimm! Bestimmt würde der Wallach sie schrecklich vermissen. Und mindestens genauso schlimm war, dass sie sich überhaupt nicht vorstellen konnte, auch nur einen einzigen Tag ohne Avanti zu sein.

Das Allerallerschlimmste aber war, dass Lotte sich am Montag nicht mal von Avanti verabschieden konnte, weil Tante Katja und Hannes schon am Vormittag mit den Ponys losfuhren. Und da musste Lotte in der Schule herumsitzen. Das Einzige, was sie tun konnte, war, ganz fest an Avanti zu denken und ihm wenigstens in Gedanken eine gute Reise zu wünschen. Dadurch bekam sie natürlich nicht viel vom Unterricht mit, aber das war ihr in dem Moment auch völlig egal.

Am Nachmittag stöhnte sie dann, als sie über den Englischhausaufgaben saß und erst überhaupt nicht kapierte, worum es bei den Übungen ging. Nachdem sie sich eine Stunde lang gequält hatte, legte sie schließlich den Füller weg und klappte ihr Heft zu. Jetzt hätte sie eigentlich frei gehabt und alles Mögliche tun können, aber sie hatte zu nichts Lust. Wie ein Tiger im Käfig ging sie in ihrem Zimmer auf und ab. Beim Bett blieb sie stehen und nahm Avantis Foto vom Nachttisch. Sie sah in die weichen, braunen Augen des Rappen, und da rollten ihr auch schon die Tränen über die Wangen. Schluchzend ließ sie sich aufs Bett fallen und heulte los.

Plötzlich spürte sie eine Hand auf ihrer Schulter. »Lotte …«

Es war Papa. Vor lauter Heulen hatte sie ihn gar nicht kommen hören. Er setzte sich aufs Bett und strich ihr übers Haar.

»Kann ich dir irgendwie helfen?«, fragte er leise.

Lotte schüttelte den Kopf und schnäuzte sich in ihr Taschentuch.

»Magst du eine heiße Schokolade?«

»Nein«, sagte Lotte.

Papa überlegte weiter. »Sollen wir was spielen?«

»Nein«, sagte Lotte wieder.

Papa seufzte. Dann hellte sich sein Gesicht auf. »Jetzt weiß ich's: Willst du mit mir zusammen zum Ponyhof gehen? Ich könnte die Digitalkamera mitnehmen und dir zeigen, wie du schöne Pferdefotos machen kannst.«

Lotte schluchzte laut. »Ich geh NIE wieder auf den Ponyhof!«

»Ich kann dich gut verstehen«, sagte Papa. »Aber denk dran: In drei Tagen ist Tante Katja doch wieder da. Und Avanti auch.«

Lotte vergrub ihr Gesicht im Kopfkissen. Sie wollte nichts mehr hören. Papa konnte ihr doch sowieso nicht helfen!

»Okay«, sagte er schließlich. »Ich geh dann mal. Wenn du mich brauchst, ich bin drüben im Seminarraum.«

Lotte nickte kaum merklich, und Papa ging hinaus.

Als Lotte allein war, musste sie wieder an seine Worte denken: »In drei Tagen ist Tante Katja wieder da.«

In drei Tagen bin ich aber vielleicht nicht mehr da, schoss es ihr durch den Kopf. Und plötzlich kam ihr eine noch viel bessere Idee. Schnell richtete sie sich auf und schnappte sich ihr Handy.

Heimliche Vorbereitungen

»Hallo, Lotte«, sagte Mareike. »Wie geht's dir?«

»Besser«, sagte Lotte. »Du, ich weiß jetzt, was ich mache: Ich fahr einfach Tante Katja und Hannes hinterher.«

In der Leitung war es kurz still. »Äh … Wie war das im Mittelteil?«

»Ich fahr Tante Katja hinterher«, sagte Lotte. »Ich weiß, wie der Ort heißt, wo der Lehrgang stattfindet. Irgendeinen Zug oder Bus wird es schon geben, der dort hält.«

»Wie?«, fragte Mareike. »Du willst einfach abhauen – heimlich, ohne jemandem was zu sagen?«

»Ja, es bleibt mir doch gar nichts anderes übrig!«

»Du bist verrückt!«, sagte Mareike.

»Kann schon sein«, sagte Lotte. »Aber ich mach es trotzdem. Ich halte es nicht aus ohne Avanti.«

Mareike holte tief Luft. »Gut, ich fahr mit. Das heißt, natürlich nur, wenn du mich dabeihaben willst.«

»Klar will ich dich dabeihaben!«, sagte Lotte und strahlte. Damit hatte sie jetzt am allerwenigsten gerechnet, schließlich war Mareike manchmal ein bisschen ängstlich. Aber heute zum Glück nicht.

»Okay«, sagte Mareike. »Ich pack nur schnell ein paar Sachen in meinen Rucksack. Wo wollen wir uns treffen?«

Lotte dachte nach. Wenn Mareike zu ihr nach Hause kam,

war das viel zu auffällig. Es musste irgendein neutraler Ort sein. Schließlich fiel ihr etwas ein. »Um drei Uhr im Café neben der Kirche. Da können wir auch gleich im Internet surfen und uns die Zugverbindung raussuchen.«

»Gute Idee«, sagte Mareike. »Also dann, bis gleich!«

Lotte legte auf und sah sich suchend im Zimmer um. Was musste sie unbedingt mitnehmen? Wenn sie es schafften, sich bis zu Tante Katja durchzuschlagen, würden sie bestimmt zwei, drei Tage unterwegs sein. Fieberhaft überlegte sie: Zahnbürste, Duschgel, Unterwäsche natürlich und zwei T-Shirts, einen warmen Pulli und ihren Regenanorak. Und vor allem Geld! Schnell zog sie die unterste Schublade ihres Schreibtischs auf und holte ihr rotes Sparschein heraus.

»Tut mir leid, Schweinchen!«, sagte sie. »Aber heute muss ich dich schlachten.«

Sie zog den Stöpsel am Bauch des Schweins raus und schüttete den Inhalt auf ihre Bettdecke. Drei Scheine und jede Menge Münzen fielen heraus. Davon hatte sie sich eigentlich eine Reitgerte zusammensparen wollen, aber daraus wurde jetzt wohl nichts. Seufzend stopfte sie das Geld in ihre Hosentasche. Dann holte sie ihren Rucksack oben vom Schrank herunter und fing an, hektisch zu packen.

Fünf Minuten später war sie fertig und kritzelte noch schnell eine kurze Nachricht auf einen Zettel.

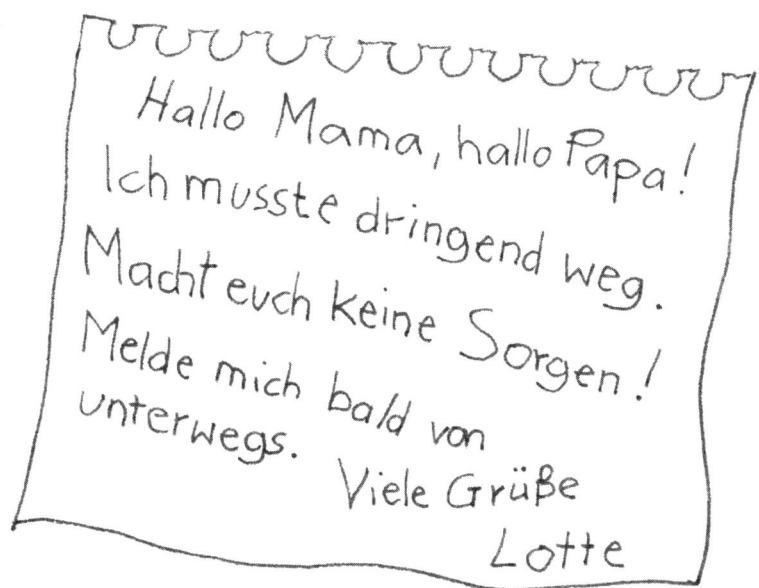

Hallo Mama, hallo Papa!
Ich musste dringend weg.
Macht euch keine Sorgen!
Melde mich bald von
unterwegs.
Viele Grüße
Lotte

Sie legte den Zettel mitten auf den Schreibtisch, damit ihre Eltern ihn gleich sehen würden. Dann steckte sie das Handy in die Hosentasche und schlich auf Zehenspitzen zur Treppe. Jetzt durfte ihr bloß niemand über den Weg laufen! Mama war gerade bei Philipp.

»Ergib dich, du Feigling!« Das war eindeutig Philipps helle Kinderstimme.

»Nein, nicht!«, protestierte Mama. »Verschont mich, starker Ritter!«

Lotte fiel ein Stein vom Herzen. Die beiden waren so in ihr Spiel vertieft, dass sie garantiert nichts mitbekommen würden. Blieb nur noch Papa übrig. Während Lotte leise die Treppe hinunterging, versuchte sie herauszufinden, wo er gerade war. Aus der Küche hörte sie es klappern, und ein Duft nach heißer

Schokolade stieg ihr in die Nase. Wunderbar! Nachdem er ihr den Vorschlag gemacht hatte, hatte er anscheinend selbst Lust auf heiße Schokolade bekommen.

Trotzdem klopfte Lottes Herz laut, als sie unten im Flur ankam und sich der Haustür näherte. Vorsichtig öffnete sie sie und zog sie so leise wie möglich hinter sich zu. Geschafft! Lotte rannte los, rannte und rannte, bis sie schließlich keuchend das Café erreichte. Die Tische und Stühle im Garten waren voll besetzt. Kein Wunder bei dem schönen Wetter. Lotte war es nur recht. Dann würden sie drinnen ungestört sein.

Sie riss die Tür auf und sah sich suchend um. Drinnen war die Luft stickig, und der große Raum war fast völlig leer. Nur ein altes Ehepaar hatte sich an einem der Tische mit den bunt geblümten Tischdecken niedergelassen.

Mareike saß bereits im hinteren Teil, der mit einer gemütlichen Sofaecke eingerichtet war, am Computer.

Lotte winkte ihrer Freundin zu und lief schnell zu ihr hin. »Mensch, bin ich froh, dass du da bist!«

»Ich auch!«, sagte Mareike. »Alleine würde ich mir jetzt bestimmt in die Hose machen.«

Lotte warf ihren Rucksack aufs Sofa und rückte einen Stuhl zum Computer. »Zum Glück sind wir ja zu zweit. Okay, fangen wir an. Super, du bist ja schon auf der Seite mit den Zugverbindungen. Gib Hornbach ein. Da müssen wir hin.«

Mareike nickte. Weil ihre Finger vor Aufregung zitterten, vertippte sie sich und musste das Wort zweimal ausbessern.

»Komm schon, mach!«, murmelte sie, während das Pro-

gramm die Verbindung suchte. Endlich erschienen die Zeiten auf dem Bildschirm.

»Oh nein!«, rief Lotte. »Wir müssen zweimal umsteigen. Das ist ja richtig kompliziert.«

Mareike warf einen Blick auf ihre Armbanduhr. »Dafür dauert die Fahrt nur zwei Stunden. Wenn wir uns beeilen, schaffen wir vielleicht sogar den nächsten Zug.«

Lotte kramte in ihrem Rucksack und holte ihren Notizblock heraus. »Ich schreib nur schnell die Zeiten auf.«

»Wie viel Geld hast du eigentlich dabei?«, fragte Mareike.

Lotte sah von ihrem Block hoch und suchte auf dem Bildschirm nach dem Fahrpreis. Erleichtert atmete sie auf. »Schwein gehabt! Mein Geld reicht genau für die Hinfahrt, für uns zwei.«

»Super«, sagte Mareike. »Ich hab nämlich kaum was dabei. Mein Taschengeld war leider schon alle.«

Plötzlich sagte jemand hinter ihrem Rücken: »Ihr kennt euch ja gut aus mit dieser neuen Technik.« Es war der ältere Mann, der zusammen mit seiner Frau vom Tisch aufgestanden und herübergekommen war.

Lotte und Mareike zuckten zusammen und drehten sich erschrocken zu den beiden um.

»Könnt ihr mir das mal zeigen?«, fragte die Frau.

»Ja, bitte!«, sagte ihr Mann. »Unsere Gehirnzellen sind zwar nicht mehr ganz so fit, aber wir strengen uns an, versprochen!«

Lotte sah Mareike verzweifelt an. Was sollten sie jetzt bloß machen?

Mareike fasste sich als Erste. »Äh … Das geht leider schlecht. Wir haben nämlich überhaupt keine Zeit. Wir müssen …«

»… zu unseren Großeltern«, sagte Lotte schnell.

Das Ehepaar machte enttäuschte Gesichter.

»Schade«, sagte die Frau.

Auf einmal sah der Mann sie forschend an. »Und da fahrt ihr ganz alleine hin, mit dem Zug? Ohne eure Eltern?«

»Die warten am Bahnhof auf uns«, schwindelte Mareike.

Lotte nickte eifrig und hakte sich bei ihrer Freundin unter. »Jetzt müssen wir aber wirklich los. Auf Wiedersehen!«

»Auf Wiedersehen!«, rief das Ehepaar ihnen nach.

Und bevor die beiden sie weiter mit Fragen löchern konnten, sausten Lotte und Mareike zur Tür hinaus.

»Das war knapp!«, zischte Lotte.

Mareike nickte und sah noch mal auf ihre Armbanduhr. Dann kreischte sie: »Hilfe, unser Zug!«

Es geht los

»Los!«, rief Lotte. »Das schaffen wir.«

Die beiden rannten, so schnell sie konnten, zum Bahnhof. Der war zum Glück nur ein paar Straßen entfernt. Keuchend kamen sie dort an und sahen einen Regionalexpress, der auf Gleis 1 stand.

»Ist das unser Zug?«, fragte Lotte.

»Ich weiß nicht«, sagte Mareike.

Da kam der Schaffner auf sie zu. »Wo wollt ihr denn hin?«

»Nach Hornbach«, sagte Lotte.

»Dann seid ihr genau richtig«, sagte der Schaffner. »Schnell, steigt ein! Der Zug fährt gleich los.«

Das ließen sich Lotte und Mareike nicht zweimal sagen. Bei der nächsten Waggontür kletterten sie die zwei Stufen hinauf, und kaum waren sie drin, gingen auch schon zischend die Türen zu.

»Wir haben es geschafft!«, jubelte Lotte.

Mareike strahlte. »Ja!« Doch plötzlich wurde sie blass. »Wir haben vergessen, Fahrkarten zu kaufen!«

Sofort war Lottes Freude mit einem Schlag verpufft. Jetzt mussten sie bestimmt Strafe zahlen, und dafür reichte ihr Geld nicht!

In dem Moment kam der Schaffner und sagte: »Die Fahrkarten, bitte!«

Lotte stammelte: »W…wir haben leider … k…keine Zeit mehr gehabt, w…welche zu kaufen.«

»Ja«, sagte Mareike. »Wir waren ganz spät dran.«

Der Schaffner runzelte die Stirn. »Keine Fahrkarten? Ihr wisst schon, dass ich nach den neuen Bestimmungen den doppelten Fahrpreis verlangen muss, wenn ihr die Fahrkarten erst bei mir im Zug löst, oder?«

Lotte biss sich auf die Lippen, und Mareike schüttelte langsam den Kopf.

Jetzt ist alles aus!, dachte Lotte. Jetzt müssen wir bei der nächsten Station aussteigen und den ganzen Weg zurücklaufen.

Da seufzte der Schaffner. »Na ja, ich will mal nicht so sein. Ausnahmsweise müsst ihr nicht mehr zahlen. Nach Hornbach wollt ihr?« Er griff zu seinem kleinen Computer, den er mit einem Riemen um den Hals trug.

»Ja, ge…genau«, sagte Lotte und streckte die Hand nach ihrer Freundin aus.

Mareikes Hand war ganz feucht, und ihre Finger zitterten.

Erst als der Schaffner ihnen die Fahrkarten in die Hand gedrückt hatte, konnte Lotte es glauben, dass sie wirklich im Zug bleiben durften.

Der Schaffner war sogar so nett, dass er ihnen genau erklärte, wie sie umsteigen mussten und an welchen Gleisen die Anschlusszüge auf sie warten würden.

Lotte schrieb sich alles auf, damit sie es nicht wieder vergaß.

»Vielen Dank!«, sagte Mareike.

Der Schaffner lächelte freundlich. »Gern geschehen. In Hornbach holt euch dann aber jemand ab, oder?«

Lotte nickte. »Ja, unsere Großeltern.« Dann verschwand sie schnell mit Mareike in einem Abteil.

Stöhnend ließen sie sich auf ihre Plätze fallen.

»Ich hasse es, dauernd zu lügen!«, sagte Mareike.

Lotte nickte. »Ich auch, aber es bleibt uns nichts anderes übrig. Sonst hätte uns der Schaffner bestimmt gleich wieder nach Hause geschickt.«

Mareikes Gesicht verdüsterte sich. »Jetzt haben meine Eltern garantiert schon entdeckt, dass ich abgehauen bin.«

»Meine auch«, sagte Lotte. »Ich hab ihnen extra einen Zettel dagelassen, damit sie sich keine Sorgen machen. Ob das was hilft, weiß ich nicht. Eltern machen sich doch immer Sorgen, auch wenn es gar keinen Grund dazu gibt.«

»Ich hab meinen Eltern eine SMS geschickt«, sagte Mareike. »Und ich hab mein Handy mitgenommen, aber ich hab es ausgeschaltet.«

Lotte kicherte. »Ich auch. Komm, reden wir von was anderem! Wir dürfen uns unsere Reise nicht vermiesen lassen. Hast du Kekse dabei oder so was?«

»Schokolade«, sagte Mareike und machte die Vordertasche ihres Rucksacks auf.

Lotte lief das Wasser im Mund zusammen. Als Mareike ihr eine große Tafel Nussschokolade hinhielt, brach sie sich gleich zwei Rippen davon ab. Dann kaute sie genüsslich und ließ die süße Masse in ihrem Mund zergehen.

Mareike sah zum Fenster hinaus. Draußen flogen Tennisplätze, Einkaufszentren und Tankstellen vorbei. »Hier war ich noch nie«, sagte sie.

»Ich auch nicht«, sagte Lotte, und auf einmal wurde ihr ein bisschen übel. Ob das an der vielen Schokolade lag?

Kurz darauf bremste der Zug, und sie mussten schon wieder aussteigen. Der Schaffner hatte sie wirklich super informiert. Sie fanden sofort das richtige Gleis und den richtigen Zug. Und auch beim zweiten Umsteigen lief alles glatt.

Je näher sie ihrem Ziel kamen, umso aufgeregter wurde Lotte. Unruhig rutschte sie auf ihrem Sitz herum und starrte aus dem Fenster. Die Umgebung war jetzt sehr grün geworden, und sie fuhren an mehreren Wäldern vorbei.

»Weißt du eigentlich, wo wir in Hornbach hinmüssen?«, fragte Mareike.

Lotte schüttelte den Kopf. »Ich weiß nur, dass das Gestüt *Falkenhof* heißt, aber ich hab keine Ahnung, wo es ist.«

»Na, toll!«, sagte Mareike und knetete nervös ihre Hände.

»Das finden wir schon«, versuchte Lotte ihre Freundin zu beruhigen. »Jetzt haben wir es so weit geschafft, da werden wir das letzte Stück auch noch hinkriegen. Wir müssen uns eben durchfragen.«

Mareike nickte zögernd. »Okay …«

Der Zug wurde langsamer und fuhr in den Bahnhof ein. Neugierig presste Lotte die Nase ans Fenster. Der Bahnhof schien ziemlich klein zu sein, es gab nur wenige Gleise. Das war schon mal ein gutes Zeichen, dann konnte Hornbach auch nicht allzu groß sein.

Als der Zug hielt, schulterten Lotte und Mareike ihre Rucksäcke und stiegen zusammen mit den wenigen anderen Fahrgästen aus, die schnell in alle Himmelsrichtungen liefen. Außer einem kleinen Warteraum und einem Fahrkartenautomaten gab es nur noch einen Kiosk.

»Komm!«, sagte Mareike, die wieder etwas mutiger geworden war. »Da fragen wir jetzt einfach.«

Die Kioskverkäuferin war eine dicke Frau mit einem mürrischen Gesicht und schien nicht gerade erfreut zu sein, beim Zeitunglesen gestört zu werden.

Mareike räusperte sich und sagte: »Entschuldigen Sie! Wissen Sie zufällig, wo der *Falkenhof* ist?«

Die Verkäuferin machte sich nicht die Mühe, von ihrer Zeitung aufzuschauen. »Hmm, ja … Weiß ich.«

»Wissen Sie auch, wie wir da hinkommen?«, fragte Lotte.

»Natürlich«, murmelte die Verkäuferin. »Auf der Landstraße sind es ungefähr zehn, elf Kilometer.«

Lotte riss die Augen auf. »Elf Kilometer?«

»Und … gibt es einen Bus?«, fragte Mareike mit zitternder Stimme.

Zum ersten Mal riss sich die Verkäuferin von ihrer Zeitung los. »Hmm … Nicht dass ich wüsste.«

Lotte tauschte einen entsetzten Blick mit Mareike. Elf Kilometer zu Fuß auf der Landstraße: Dafür würden sie ewig brauchen!

Da beugte sich die Verkäuferin vor und sah sie prüfend an. »Ihr seid ja noch sehr jung, nicht mal zehn, oder? Wo habt ihr denn eure Eltern gelassen?«

»Meine Tante ist auf dem *Falkenhof*«, sagte Lotte und war froh, dass sie endlich nicht mehr lügen musste.

»Eigentlich wollte sie uns abholen«, fügte Mareike als kleine Notlüge hinzu.

Plötzlich lächelte die Verkäuferin breit. »Ihr seid ausgebüxt, stimmt's? Auf eigene Faust losgefahren?«

Lotte wich ihrem Blick aus und starrte angestrengt auf ihre Turnschuhe.

»Woher wissen Sie das?«, fragte Mareike und wurde rot.

»War nur so eine Vermutung«, sagte die Verkäuferin. »Dann hab ich also ins Schwarze getroffen.«

Lotte zuckte zusammen. Vielleicht sollten sie doch lieber weglaufen? Am Ende würde die Verkäuferin die Polizei holen, und dann mussten sie hinter Gitter!

Endlich am Ziel

Bevor Lotte sich entschließen konnte, was sie als Nächstes tun sollten, sagte die Verkäuferin: »Das ist doch nicht so schlimm!« Auf einmal sah sie viel freundlicher aus. »Als Kind bin ich auch mal ausgebüxt. Kann ich euch helfen? Soll ich beim *Falkenhof* anrufen? Ich hab die Telefonnummer hier.«

Lotte sah unsicher zu Mareike hinüber. Ihre Freundin zog die Schultern hoch und murmelte: »Ich weiß auch nicht …«

Dann musste Lotte eben alleine eine Entscheidung treffen. Tante Katjas Handynummer wusste sie leider nicht, also blieb ihr eigentlich nichts anderes übrig, wenn sie nicht ewig auf der Landstraße laufen wollten.

Lotte holte tief Luft und nickte. »Ja, bitte!«

Die Verkäuferin griff nach dem Telefonhörer. »Mach ich gern.«

»Meine Tante heißt Katja«, sagte Lotte. »Katja Herzog.«

Die Verkäuferin nickte. »Alles klar.«

Während sie die Nummer wählte, spürte Lotte, wie sich ihr Magen wieder zusammenzog. Hoffentlich war Tante Katja überhaupt in der Nähe des Telefons.

»Hallo?«, sagte die Verkäuferin. »Ja, hier ist Meinel, vom Bahnhofskiosk in Hornbach. Ich habe hier zwei Kinder … Wie heißt ihr?«, fragte sie dazwischen.

Schnell antwortete Mareike: »Lotte und Mareike.«

»Also, die Kinder heißen Lotte und Mareike«, redete die Verkäuferin weiter. »Sie sind allein unterwegs und müssen dringend ihre Tante sprechen: Frau Herzog, Katja Herzog.« Sie lauschte kurz, dann nickte sie. »Verstehe. Ja, vielen Dank, ich warte.«

»Und, ist sie da?«, fragte Lotte.

Die Verkäuferin legte die Hand auf die Sprechmuschel. »Ja, sie kommt gleich. Die Sekretärin muss sie nur aus dem Stall holen.«

Lotte sah zu Mareike hinüber. Die trat von einem Fuß auf den anderen. Lotte konnte es auch kaum noch erwarten.

Endlich sagte die Verkäuferin: »Hallo? Spreche ich mit Frau Herzog? – Schön, dass ich Sie gleich erreiche. Lotte und Mareike sind hier bei mir am Bahnhof Hornbach. Ich glaube, sie würden …«

Weiter kam sie nicht. Die Stimme ihrer Tante war so laut, dass Lotte sie sogar durch den Hörer verstehen konnte.

»Was???«, rief Tante Katja. »Wo sind Lotte und Mareike?«

»Am Bahnhof in Hornbach«, wiederholte die Verkäuferin. »Machen Sie sich keine Sorgen, es geht ihnen gut. Aber ich glaube, sie würden sich sehr freuen, wenn Sie sie hier abholen. Der Weg bis zum *Falkenhof* ist ja doch etwas weit zu Fuß. – Wunderbar, vielen Dank!«

Die Verkäuferin legte auf und lächelte den Mädchen zu. »Sie kommt sofort!«

Lotte fiel ein Stein vom Herzen. Jetzt würde doch noch alles gut werden.

160

»Wollt ihr was trinken, während ihr wartet?«, fragte die Verkäuferin.

Lotte nickte. Von der Schokolade hatte sie einen ganz trockenen Mund bekommen, und vor lauter Hektik beim Packen hatte sie vergessen, ihre Wasserflasche mitzunehmen.

Die Verkäuferin spendierte ihnen zwei Apfelschorlen. Lotte und Mareike tranken sie in einem Zug aus.

Die Verkäuferin lachte. »Da war aber jemand durstig! Und was machen wir jetzt? Soll ich euch meinen Kiosk zeigen?«

»Au ja!«, sagte Lotte, die hinter einem Stapel Frauenzeitschriften ihre Lieblingspferdezeitschrift entdeckt hatte.

Die Verkäuferin machte ihnen die Tür auf, und dann durften sie das Innere des Kiosks betreten und alle Zeitschriften ansehen, solange sie wollten. Natürlich stürzten sie sich sofort auf die Pferdezeitschriften.

Lotte war so sehr in ihre Lieblingszeitschrift vertieft, dass sie gar nicht merkte, wie schnell die Zeit verging.

Plötzlich hörte sie eine atemlose Stimme: »Da seid ihr ja!«

Lotte hob den Kopf und ließ die Zeitschrift fallen. »Tante Katja!«

»Lotte!«, rief ihre Tante.

Dann stürzte Lotte aus dem Kiosk und ließ sich in Tante Katjas Arme fallen. Die drückte sie so fest, dass Lotte alle ihre Knochen spüren konnte. Es tat ein bisschen weh, aber trotzdem war Lotte noch nie so froh gewesen, ihre Tante wiederzusehen.

Nach einer Weile löste Tante Katja ihre Arme und hielt Lotte

ein Stück von sich weg. »Und dir ist wirklich nichts passiert?
Du bist völlig okay?«

»Völlig okay«, sagte Lotte.

Tante Katja seufzte tief. »Bin ich froh!« Dann drehte sie sich
zu Mareike um. »Und was ist mit dir? Geht es dir auch gut?«

»Ja«, sagte Mareike und strich sich verlegen eine Haarsträhne
aus dem Gesicht. »Mir geht es gut.«

Tante Katja seufzte noch mal. »Was für ein Glück. – Frau
Meinel? Ich weiß gar nicht, wie ich Ihnen danken soll.«

»Ist nicht der Rede wert«, winkte die Verkäuferin ab. »Wir
haben uns gut unterhalten, wir drei, stimmt's?«

Lotte nickte. »Ja, es war toll bei Ihnen.«

»Jetzt müssen wir aber los«, sagte Tante Katja und lächelte die Verkäuferin an. »Also, tausend Dank noch mal, Frau Meinel.« Damit schob sie Lotte und Mareike vor sich her in Richtung Ausgang.

Ihr rotes Auto stand auf dem Parkplatz direkt vor dem Bahnhof. Sie schloss auf, und Lotte rutschte mit Mareike auf den Rücksitz. Als Tante Katja auch eingestiegen war und die Tür zugemacht hatte, drehte sie sich um, und plötzlich lächelte sie überhaupt nicht mehr.

»Macht so was nie, nie wieder!«

Lotte erschrak. »Aber …«, wollte sie protestieren.

Tante Katja ließ sie nicht ausreden. »Versprecht es, sofort!«

»Wir machen es nie wieder«, murmelte Lotte.

Mareike versprach es auch mit leiser Stimme. Sie war ganz kleinlaut geworden.

»Ihr habt mir und euren Eltern einen riesigen Schrecken eingejagt«, sagte Tante Katja. »Sie wussten nicht, wo ihr seid, und wollten schon die Polizei anrufen.«

Lotte biss sich auf die Lippen. Dass sich Mama und Papa Sorgen machen würden, hatte sie schon befürchtet, aber dass sie gleich die Polizei anrufen wollten, damit hatte sie nicht gerechnet.

»Wissen sie schon, wo wir sind?«, fragte Mareike.

Tante Katja nickte. »Ja, sie wissen es. Ich hab ihnen gleich Bescheid gegeben, als ich den Anruf von Frau Meinel bekommen habe.«

Plötzlich fiel Lotte etwas Schreckliches ein: Wenn Mama und

Papa Bescheid wussten, würden sie dann etwa gleich herkommen? Mussten Mareike und sie dann wieder nach Hause fahren, bevor sie den *Falkenhof* überhaupt gesehen hatten?

Mareike hatte offenbar an dasselbe gedacht. »Und? Was haben sie gesagt? Was machen sie jetzt?«

»Erst wollten sie sofort herkommen«, erzählte Tante Katja. »Aber davon konnte ich sie zum Glück wieder abbringen.«

»Wieso denn?«, fragte Lotte.

Da huschte endlich wieder ein Lächeln über Tante Katjas Gesicht. »Wieso? Na, wenn ihr jetzt schon so lange mit dem Zug extra hierhergefahren seid, wollt ihr doch sicher den *Falkenhof* sehen, oder?«

Lotte brauchte ein paar Sekunden, bis sie begriff, was ihre Tante da gerade gesagt hatte. Sie konnte es kaum glauben. »Das heißt …. Das heißt, du schickst uns nicht gleich wieder nach Hause?«

Tante Katja schüttelte den Kopf. »Nein, mach ich nicht.«

»Danke!«, rief Mareike. »Danke, Sie sind super!«

Lotte schlang von hinten die Arme um die Schultern ihrer Tante. »Das werde ich dir nie vergessen, nie!«

Tante Katja winkte ab. »Bedankt euch nicht bei mir, bedankt euch lieber bei Avanti. Dem hab ich nämlich auch gleich erzählt, dass du in der Nähe bist, Lotte, und er hat mir in seiner Pferdesprache ziemlich deutlich zu verstehen gegeben, dass ich dich sofort zu ihm bringen soll.«

Lotte strahlte. Eine große, tiefe Wärme flutete durch ihren Körper. Avanti hatte sie vermisst, Avanti wollte, dass sie so schnell wie möglich zu ihm kam! War das nicht einfach wunderwunderbar?

»Gut«, sagte Tante Katja und ließ den Motor an. »Dann wollen wir Avanti mal nicht länger warten lassen.«

Als sie losfuhr, stieß Mareike Lotte kurz den Ellbogen in die Seite. »Hey, Lotte, ist es nicht unglaublich? Wir haben es tatsächlich geschafft!«

Lotte nickte. »Ja! Wir haben es geschafft.«

Dann drehte sie sich zum Fenster um und sah hinaus. Sie fuhren durch eine hügelige Landschaft, an wogenden Weizenfeldern vorbei und an einem sprudelnden Bach entlang. Die Abendsonne tauchte alles in ein wunderschönes, orangefarbenes Licht.

Nach zehn Minuten erreichten sie endlich den *Falkenhof*. So ein großes Gestüt hatte Lotte noch nie gesehen. Allein die Weiden waren riesig und erstreckten sich bis zum Horizont. Und die übrigen Gebäude waren auch beeindruckend weitläufig. Als sie näher kamen, entdeckte Lotte etliche Wohnmobile, die in einer langen Reihe hintereinander auf einer Wiese standen.

»Was sind das für Wohnwagen?«, fragte sie. »Zelten die Leute hier?«

Tante Katja lachte. »Zelten ist fast schon ein bisschen untertrieben. Die meisten Pferdebesitzer haben inzwischen große Wohnmobile: Im hinteren Bereich transportieren sie die Pferde, und im vorderen Bereich wohnen und schlafen die Pferdepfleger. Das ist ziemlich praktisch. Aber natürlich gibt es hier auch ein Hotel in der Nähe, da haben Hannes und ich uns einquartiert. Ich kann mir nämlich so ein teures Wohnmobil noch nicht leisten und musste ganz normal mit Hänger und Auto anreisen.«

Tante Katja ließ die Wohnmobile links liegen und steuerte ihr Auto auf einen Parkplatz neben den Ställen. »So, da sind wir. Herzlich willkommen auf dem *Falkenhof*!«

Sofort machte Lotte die Autotür auf und sprang aus dem Wagen. »Wo ist Avanti?«

»Gleich im ersten Stall. Du wirst ihn schon finden«, sagte Tante Katja.

Lotte lief auf den Stall zu. Die Tür stand offen. Der Duft nach frischem Stroh und Pferden wehte ihr entgegen. Ihr Herz klopfte schneller. Neugierig schauten ihr die Pferde aus ihren Boxen entgegen. Manche scharrten mit den Hufen. Aber wo war Avanti?

Dann hörte Lotte ein leises Wiehern. Ein Wiehern, das sie auch mit verbundenen Augen unter tausend anderen erkannt hätte. So klang nur ein Pony auf der ganzen Welt: Avanti! Die letzten Meter lief Lotte wie im Traum.

Da war endlich die Box, in der Avanti stand. Avanti, der schwarze Wallach. Seine sanften braunen Augen leuchteten, als er Lotte erkannte.

»Avanti!«, rief Lotte und vergrub ihr Gesicht in der weichen Mähne. »Hier bin ich. Jetzt lass ich dich nie mehr allein.«

Da hörte sie, wie nebenan in der Box ein Pony unruhig wurde.

»Dreimal darfst du raten, wer das ist«, sagte Mareike, die hin-

166

ter Lotte den Stall betreten hatte. »Unsere eifersüchtige Zamira!«

Lotte musste grinsen. Typisch Zamira! »Schön, dich zu sehen«, sagte sie mit einschmeichelnder Stimme zu Avantis bester Freundin. »Keine Sorge, dich lass ich auch nie mehr allein.«

Die Fuchsstute schnaubte zufrieden.

Applaus für Avanti

»Na«, sagte Tante Katja ungefähr eine halbe Stunde später, die Lotte wie eine Sekunde vorkam. »Wollt ihr gleich hier im Stall übernachten, oder könnt ihr euch doch für ein paar Stunden von den Ponys losreißen?«

»Wenn es sein muss …«, sagte Lotte und kraulte noch mal Avantis Mähne, bevor sie dem Wallach eine gute Nacht wünschte.

Zögernd folgte sie Tante Katja nach draußen. Dort warteten schon Hannes und Mareike auf sie.

Der Rest des Abends verging wie im Flug. Tante Katja und Hannes führten Lotte und Mareike herum. Sie zeigten ihnen den Hof und die Ställe. Überall war total viel los. Pferdepfleger, Reiter und Züchter liefen durcheinander und trafen letzte Vorbereitungen für den morgigen Tag. Einige Pferde und Ponys bekamen noch einen kleinen Auslauf vor dem Schlafengehen, wurden geputzt und in die Ställe zurückgebracht. Man hörte aufgeregtes Hufgetrappel und Schnauben, und auch die Menschen quatschten und lachten aufgeregt durcheinander. Lotte genoss den Trubel. Sie und Mareike waren die jüngsten Reiter weit und breit. Dadurch kamen sie sich schon richtig groß und erwachsen vor.

Am Schluss des Rundgangs sahen sie sich den großen Außenplatz mit den Tribünen drum herum an, wo am nächsten Tag die Dressurprüfungen stattfinden sollten.

»Macht ihr mit Avanti und Zamira auch bei den Prüfungen mit?«, fragte Lotte gespannt.

»Klar«, sagte Hannes. »Avanti und deine Tante sind schon morgen dran und Zamira und ich dann übermorgen.«

Lotte nickte eifrig. »Darf ich morgen zusehen?«

»Ich bestehe sogar darauf«, sagte Tante Katja. »Du und Mareike, ihr müsst mir ganz doll die Daumen drücken, ich bin nämlich jetzt schon wahnsinnig aufgeregt.«

»Mach ich«, sagte Lotte, und Mareike versprach es natürlich auch.

»Und jetzt lasst uns zum Italiener gehen«, schlug Tante Katja vor. »Ich hab einen Riesenhunger.«

Erst jetzt stellte Lotte fest, dass ihr Magen auch schon laut knurrte. Vor lauter Aufregung hatte sie das noch gar nicht gemerkt.

Im Restaurant durften Lotte und Mareike Pizza bestellen. Die Pizzen waren so groß, dass sie nur die Hälfte davon schafften. Lotte legte Messer und Gabel weg und rieb sich die Augen. Plötzlich war sie schrecklich müde.

Tante Katja lächelte. »Ich glaube, heute solltet ihr früh ins Bett gehen. Ihr habt einen langen, aufregenden Tag hinter euch. Und morgen wollt ihr doch bestimmt fit sein, oder?«

Normalerweise hätte Lotte jetzt protestiert. Sie hasste es, wenn die Erwachsenen sie ins Bett schicken wollten. Doch heute konnte sie sich kaum noch auf den Beinen halten und sehnte sich nach einem Bett, auf dem sie sich ausstrecken konnte.

»Okay«, murmelte Mareike und gähnte hinter vorgehaltener Hand.

»Wir werden heute auch nicht mehr alt«, sagte Hannes.

Tante Katja stand auf. »Ich bring euch noch hinüber ins Hotel. Ich hab ein Doppelzimmer für euch reserviert.«

»Super«, sagte Lotte und zwinkerte Mareike zu. Sie freute

sich schon darauf, mit ihrer Freundin im Dunkeln zu quatschen und zu kichern.

Aber als die beiden schließlich in ihren Betten lagen, war Lotte so müde, dass sie nur noch ein kurzes »Gute Nacht!« herausbrachte und schon ein paar Sekunden später in einen tiefen, traumlosen Schlaf fiel.

Am nächsten Tag wachte Lotte dafür schon früh auf, sprang aus dem Bett und weckte Mareike. Sie duschten schnell und zogen sich an. Gerade als sie fertig waren, klopfte es an der Tür.

»Guten Morgen!«, rief Tante Katja. »Eigentlich müsstet ihr ja jetzt zur Schule, aber eure Eltern waren so lieb und haben euch entschuldigt. Na – seid ihr bereit fürs Frühstück?«

»Wir kommen!«, riefen Lotte und Mareike wie aus einem Mund und vergaßen ihr schlechtes Gewissen wegen der Schule sofort wieder.

Beim Frühstück brachte Mareike kaum einen Bissen hinunter. Lotte dagegen machte sich mit großem Appetit über das leckere Büffet her. Immer, wenn sie aufgeregt war, bekam sie einen Riesenhunger.

Tante Katja war ein bisschen blass um die Nase und stand als Erste auf. »Ich muss mich noch umziehen. Wir sehen uns dann auf dem Platz.«

»Toi, toi, toi!«, wünschte Lotte.

Tante Katja lächelte etwas gequält. »Danke!«

Lotte, Mareike und Hannes hatten noch ein bisschen Zeit, bevor die Dressurprüfungen losgingen. Sie aßen in aller Ruhe zu Ende und machten sich dann langsam auf den Weg zu den Tribünen.

»Ich hab super Plätze für uns reserviert«, sagte Hannes. »Vorne in der ersten Reihe. Wir werden also alles ganz genau sehen können.«

Lotte nickte. Ihr Herz machte plötzlich ein paar schnelle Galoppsprünge. Sie konnte es immer noch nicht richtig glauben. Sie war tatsächlich hier, auf dem *Falkenhof*, und durfte bei so einer großen Veranstaltung dabei sein!

Mit ihnen strömten jetzt viele Leute zu den Tribünen: Reiter, Züchter und Pferdefreunde. Einige waren von weit her gekommen, um zuzuschauen oder an einem der nächsten Tage selber teilnehmen zu können. Gespannte Erwartung lag in der Luft. Das Wetter war zwar nicht so schön wie gestern und der Himmel leicht bewölkt, aber es sah zum Glück nicht nach Regen aus.

Hannes führte Lotte und Mareike zu ihren Plätzen. Er hatte nicht zu viel versprochen. Sie saßen wirklich in der ersten Reihe, gleich hinter der Absperrung. Nicht weit von ihnen entfernt hatten die Punktrichter Platz genommen, ein halbes Dutzend Männer und Frauen, die sich von der aufgekratzten Stimmung ringsum nicht anstecken ließen und bereits jetzt strenge Gesichter machten.

Lotte fing schon mal an, Tante Katja die Daumen zu drücken. Kurz darauf, als sich die Tribünen gefüllt hatten, ging es auch schon los.

Eine Frau griff zum Mikrofon. »Herzlich willkommen auf

dem *Falkenhof*! Gestern haben wir schon viel Schönes gesehen, und heute freuen wir uns auf weitere Kandidaten, die sich zur Dressurprüfung angemeldet haben. Ich lese jetzt die Reihenfolge der Prüflinge vor, die wir gerade ausgelost haben.«

Der Mann neben ihr reichte ihr ein Blatt Papier, und die Frau verkündete laut: »Mit der Startnummer eins sehen wir gleich Katja Herzog auf dem Wallach Avanti. Danach kommt Helene Stab auf der Stute Bonnie mit der Startnummer zwei. Und mit der Startnummer drei haben wir …«

Beim Rest hörte Lotte gar nicht mehr hin. Tante Katja war die Nummer eins! Wenn das kein gutes Zeichen war! Sie würde es bestimmt schaffen.

Ungeduldig warteten Lotte, Mareike und Hannes, bis die Frau aus der Jury alle Teilnehmer der Prüfung vorgelesen hatte.

Endlich gab sie die Bahn frei für Tante Katja. Lotte presste jetzt ihre Daumen so fest, dass die Knöchel wehtaten. Aufgeregt reckte sie den Kopf und hielt nach Tante Katja Ausschau. Und da ritt sie auch schon auf den Platz. Am Rand blieb sie kurz stehen und grüßte höflich die Punktrichter.

Lotte hielt den Atem an. So elegant hatte sie ihre Tante noch nie gesehen: Sie trug weiße Reithosen, schwarze, glänzende Stiefel, ein weißes Hemd mit Stehkragen und eine schwarze Reitkappe. Avanti war auch richtig fein herausgeputzt: Sein Fell glänzte, der Schweif flatterte im Wind, und seine Mähne war zu einem kunstvollen Zopf geflochten.

Vor lauter Bewunderung hätte Lotte beinahe den Anfang

verpasst. Tante Katja ritt los. Zuerst ließ sie Avanti geradeaus im Schritt gehen, dann begann sie mit der ersten Hufschlagfigur, indem sie zweimal auf dem Zirkel ritt. Avanti reagierte sofort auf ihre Hilfen und machte genau das, was sie wollte.

»Sehr schön«, murmelte Hannes. »Die richtige Mischung aus Losgelassenheit, Versammlung und Aufrichtung.«

Lotte verstand zwar nicht ganz, was er damit sagen wollte, aber sie konnte es sich denken: Avanti und Tante Katja sahen einfach toll zusammen aus. Der Wallach bewegte sich so natürlich, als würde er nicht gerade bei einer Prüfung antreten, sondern frei und stolz auf der Weide herumlaufen.